novum premium

SILVIA GEMPERLE

DAS LEBEN UND DU

WIE DU WIRKLICH GLÜCKLICH WIRST

novum premium

Bibliografische Information
der Deutschen Nationalbibliothek:

Die Deutsche Nationalbibliothek
verzeichnet diese Publikation in
der Deutschen Nationalbibliografie.
Detaillierte bibliografische Daten
sind im Internet über
http://www.d-nb.de abrufbar.

Gedruckt in der Europäischen Union
auf umweltfreundlichem, chlor- und
säurefrei gebleichtem Papier.

ISBN 978-3-99130-196-7
Lektorat: Dr. Annette Debold
Umschlagfotos: Anitasstudio,
Peter.wey | Dreamstime.com
Umschlaggestaltung, Layout & Satz:
novum Verlag
Innenabbildungen: Silvia Gemperle

Die von der Autorin zur Verfügung
gestellten Abbildungen wurden in der
bestmöglichen Qualität gedruckt.

www.novumverlag.com

Climate neutral
Print product
ClimatePartner.com/16547-2201-1002

ZUSAMMENFASSUNG

Ich, das Leben, habe verschiedene Möglichkeiten, mich zu entfalten, ich kann es ruhig angehen, kann mir Geschenke machen und Momente erleben, welche mir Freude und Spaß machen. Und ich, das Leben, finde dabei das Glück. Zusammen mit meiner weisen Begleiterin, der Elfe, erlebe ich unterschiedlichste Momente. Nicht immer bin ich, das Leben, von Beginn an begeistert von den Angeboten. Da hilft die liebevolle weise Elfe. Sie hat klare und praktische Tipps für mich, das Leben. Sie begleitet mich zu den Momenten im Alltag, zu kleineren und größeren Pausen und zu Begegnungen. Sie kennt das Berufsleben, welches Glück bringt.

Die Momente im Alltag laden dich ein, diese auszuprobieren. Es sind Ruhepausen, angenehme Räume, der Blick ins Grüne, die Einfachheit, Humor, gutes Essen und mehr. Pausen verlangen nach mehr Vorbereitung, sie sind eine zeitlose, tiefe Bereicherung. Die Pausen sind Reisen zu einer unbekannten Kultur, eine Wanderung zu einem Aussichtspunkt oder gewohnte Dinge anders tun. Verschiedenste Begegnungen berühren mich, das Leben, tief. Die Begegnungen sind reich an Eindrücken, Gefühlen und Wohlwollen. Sie bringen Freude und Glück. Das Berufsleben ruhiger angehen, das ist ein wichtiges Stück vom Glück, anfangs etwas fremd und doch sehr vertraut.

Ich, das Leben, erzähle dir von den Momenten, was ich erlebe, wie es mir dabei geht und was es mit mir macht.

INHALTSVERZEICHNIS

Die Fotografien zeigen Landschafen und die Natur aus dem Val Lumnezia, fotografiert von der Buchautorin.

PROLOG

Ich, das Leben, habe verschiedene Möglichkeiten, mich zu entfalten. Ich kann es langweilig angehen, oder es macht Freude und Spaß. Wie möchtest du das? Ich, das Leben, kann mir Wünsche erfüllen, Geschenke machen, mich über Begegnungen freuen und kurze oder lange Pausen machen. Kommst du mit auf diese Reise?

Am Anfang bin ich, das Leben, ein kleiner Same, daraus entfaltet sich ein zartes hellgrünes, leuchtendes Pflänzchen. Begleitet von den wärmenden Sonnenstrahlen wächst dieser Same zu einem großen, starken Baum inmitten eines wunderbaren Waldes. Was ich, das Leben, alles erlebe, das erzähle ich dir mit diesen Geschichten.

Die Elfe ist meine Begleiterin, sie weiß in jeder Situation, was das Beste ist, das Beste für mich, das Leben. Sie kennt sich in nahezu allen Themen aus und weiß einen passenden Rat. Sie ist verlässlich, weise und auch neugierig, witzig und liebevoll.

Ich, das Leben, liebe Pausen, fange Glück ein und lasse mich von Momenten berühren, als würde die Zeit für genau diesen Moment stillstehen. „Wie geht das denn?“, denkst du vielleicht. Lass mich, das Leben, ein paar meiner Geschichten von kleinen und großen Momenten, von Pausen und Begegnungen erzählen. Das sind Erlebnisse aus dem Alltag und dem Berufsleben.

Wie ist das mit den Momenten, was erlebe ich, das Leben? Was ist es, was diese Momente ausmachen? Wie kann ich, das Leben, das beschreiben? Die Momente bewegen mich, das Leben. Sie begleiten mich. Die Momente sind witzig, fröhlich, anstrengend, überraschend, spannend und Ruhe stiftend. In den Pausen lasse ich, das Leben, mich fallen, wie in eine Hängematte, die sanft hin und her schwingt und mich sicher trägt. Ich, das Leben, vertraue der Hängematte und allen Momenten.

Einige dieser Momente sind ganz einfach und alltäglich. Andere Momente verlangen ein Nachdenken, Loslassen, Grübeln, eine Entscheidung oder etwas zu organisieren und vorzubereiten.

Andere Momente finden einfach statt, einfach so, ohne nichts. Diese kleinen Momente gilt es zu erkennen und zu sammeln.

Ein ganz einfacher und ebenso großartiger Moment ist, wenn ich, das Leben, am Morgen aufwache und die erste Tasse Kaffee des Tages trinke. Wenn der Duft mich in der Nase kitzelt, mich wachrüttelt, die warme Tasse meine Hände wärmt und ich mich auf den ersten Schluck Kaffee freue. Der Kaffee rüttelt mich, das Leben, sanft wach. Er schenkt mir, dem Leben, Zeit für mich, er schenkt mir angenehme Gefühle; vielleicht lächle ich, vielleicht spüre ich mein Herz klopfen, und vielleicht werden meine Gedanken ruhig. Das machen Momente aus: Sie bringen Kraft, Herzlichkeit und Gelassenheit. Und was macht es mit mir, dem Leben? Es beruhigt, ich kann klar denken. Wie ein Magnet zieht der eine entspannte Moment, oder die Pause, den nächsten Moment an. So entsteht eine kostbare Kette, welche sich Stück für Stück sanft und friedlich zusammenfügt.

Ich, das Leben, liebe diese Momente, sie begleiten mich, und ich kann sie selbst gestalten. Welche liegen mir, dem Leben, am Herzen, welche tun mir gut, welche füllen mich, das Leben, mit Freude und Glück? Bei welchen Momenten kann ich, das Leben, träumen, spielen wie ein kleines Kind, einfach sein und daran wachsen, bis zum kraftvollen Baum im Wald? Welche dieser Momente geben mir, dem Leben, Kraft?

Mit diesen Momenten wachse ich, das Leben, sie schenken mir Freude und Fülle. Ich unterhalte mich mit diesen Momenten. Ich höre zu, was sie zu mir sagen. Sie formen für mich, das Leben, kluge Fragen. Die Momente zeigen mir, dem Leben, Bilder, Filme, Klänge, lösen Gefühle aus, wecken Erinnerungen und sind angenehm.

Ich sammle diese Momente mit meinem ganzen wahren Wesen, mit meinem Sein. Wenn ich unsicher bin, welcher Moment für mich in genau diesem Augenblick der richtige ist, dann frage ich die Elfe, meine Begleiterin.

Meine wundervolle Begleiterin, die Elfe, hilft mir, dem Leben, mich für die glücklichen und schönen Momente zu entscheiden. Sie ist meine beste Freundin. Sie weiß, was mir guttut, was mir wichtig ist, und zusammen sind wir ein starkes Team.

Die Elfe ist wie eine weise Professorin und eine gute Freundin ganz allgemein. Ich, das Leben, und die Elfe gehen gemeinsam von Moment zu Moment.

Die Elfe stellt mir, dem Leben, auch Fragen. Wie: Was macht dir Freude? Was bringt dir Glück? Wie spürst du deine innere Kraft? Welche Momente sind dir wichtig? Welcher Moment soll sich als Nächstes in die Kette fügen?

Ich, das Leben, kann mir Geschenke machen. Ich wähle Momente, die mir besonders guttun, welche mein Herz öffnen und hüpfen lassen, welche mir dieses erfüllte Lächeln schenken, sodass ich, das Leben, mit allen Sinnen im Moment baden kann.

Ich, das Leben, mag es witzig, lustig, leicht wie ein Vogel, der mit dem Wind segelt.

Manchmal bin ich, das Leben, einfach da, freue mich da zu sein, in genau diesem Moment. Momente sind für mich beispielswiese Pausen, davon gibt es sehr viele. Welche Pausen sind mir, dem Leben, wichtig? Eine Pause vom Denken, eine Pause von der Eile und der Hektik, eine Pause vom Alltag, eine Auszeit vom gewohnten Weg. Oder einfach spazieren im Wald. Die Elfe hilft mir, dem Leben, die Pausen nicht zu verpassen oder gar zu verschlafen. Manchmal schubst sie mich und sagt: „Hallo Leben, wo eilst du hin? Schau, die wahren Schätze, das sind die Pausen." Nun gut, nicht immer höre ich bereits das erste Mal hin, denn genau jetzt könnte ich, das Leben, noch dies oder das machen. Ich, das Leben, habe mir einen deutlichen und zugegeben zielstrebigen Plan erdacht. Wo komme ich, das Leben, hin mit diesen Pausen? Damit erreiche ich, das Leben, die vielen Ziele meines Planes nicht. Wie kann das nur möglich sein? Ich, das Leben, bin stark, ich bin wach.

Meine Elfe, die Begleiterin, ist weise. Sie weiß vieles schlicht besser als ich, das Leben. Doch ganz ehrlich, ich, das Leben, möchte ihr nicht zeigen, dass dies so ist. Ich, das Leben, mache zunächst einmal nichts, höre auf meine Gedanken und stelle meinen Plan, meine Ideen und meinen Willen in das Zentrum. Ein wenig bin ich, das Leben, von der Idee der Elfe, eine wohltuende Pause zu machen, berührt. Für einen Teil einer Sekunde. Schnell sind meine Gedanken wieder beim Plan.

Die Elfe schubst mich, das Leben, ein weiteres Mal an, deutlicher und noch immer ganz sanft, wie ich es von ihr kenne. „Leben, was ist mit dir? Was ist mit deinen Wünschen, deinen Gefühlen, was möchten deine Augen sehen, was möchten deine Ohren hören? Was sind deine großen Ziele? Kennst du, Leben, deine großen Ziele? Ich, die Elfe, rate dir, dem Leben, eine Liste mit Pausen zu erstellen. Pausen, die dich, das Leben, erfüllen, dich bereichern, dir schmeicheln." Oh nein, eine langweilige Liste erstellen und Zeit verschwenden. Wie soll ich, das Leben, nur diese Liste mit den Pausen erstellen? Die Zeit dazu ist es mir, dem Leben, nicht wert. Wirklich nicht wert? Ich, das Leben, mag solche Listen nicht, das hindert mich, das zu tun, was ich will.

Die Elfe denkt nach, was ist das mit diesem sturmen Leben, es rennt und rennt seinem Plan hinterher. Es rennt an allen noch so einfachen und klaren Angeboten vorbei. Wohin denn? Die Elfe fragt ihr Herz um einen Rat. Sie fragt: Was kann das Leben bewegen eine und mehrere Pausen zu machen? Was ist das? Die Elfe nimmt sich Zeit, bis sie eine überzeugende Idee hat. Sie macht das so. Sie lächelt mich, das Leben, an, ist ruhig und fragt: „Möchtest du, Leben, am Glück, der Freude und der inneren Ruhe einfach so vorbeirennen? Spürst du keinen Wunsch nach dem tiefen und klaren Gefühl des inneren Lächelns, der inneren Ruhe, der Fülle und der Freude?" Hm, ich, das Leben, bin nicht mit diesen inneren Gefühlen befreundet, ich kenne diese nicht. Wann hätte ich diese kennenlernen können? Das geht nicht, wenn ich, das Leben, meinen eigenen Plan umsetzen will. Das geht bestimmt nicht. Einen schlummernden kleinen Wunsch nach mehr Freude habe ich im Innern. Nur, wie kann ich meinen Plan, meinen klaren Plan, loslassen? Das braucht Mut, das braucht noch mehr als Mut, das braucht den bekannten ersten Schritt in das Unbekannte. Trau ich mir, dem Leben, zu, diesen ersten Schritt zu wagen?

Da nimmt die Elfe mich einfach mit auf den abenteuerlichen Weg mit den Momenten. Die Liste schreibe ich, das Leben, später, wenn ich einige dieser Momente, Pausen und Begegnungen erlebt habe.

Ich, das Leben, erzähle dir von den Momenten, was ich erlebe, wie es mir dabei geht und was es mit mir macht.

MOMENTE IM ALLTAG

Ich, das Leben, eile von Termin zu Termin, im Alltag, bei der Arbeit und in der Freizeit. Wenn ich, das Leben, einen Fuß absetze, mache ich sofort den nächsten Schritt und denke an den übernächsten. Daran bin ich gewohnt. Mehr noch, das haftet an mir, mit recht starkem und zuverlässigem Kleber.

Da meldet sich die Elfe. Sie fragt: „Du, Leben, welches von den vielen eiligen Dingen bringt dir Glück und Freude?" „Hoppla", denke ich, das Leben. „Das kommt überraschend, weiß ich das überhaupt? Muss das sein? Diese Frage, oh nein." Die Elfe schaut mich, das Leben, freundlich und fragend an. „Du, Leben, bist gefangen in deinem Rad, in deinem Alltag, in deinen Gedanken, in deinen Vorstellungen und deinen Verpflichtungen. Ich begleite dich, das Leben, zu Momenten, das sind allerlei Pausen und Begegnungen, welche dir Freude und Glück bringen. Was meinst du, womit möchtest du, Leben, beginnen? Etwas vermeintlich Kleines aus dem Alltag? Etwas, was wenig Zeit braucht und zudem nichts kostet? Lass uns zusammen überlegen was das sein könnte. Gibt es etwas, was du, Leben, dir schon lange wünschst? Etwas, was dein Herz sich wünscht?" Die Stimme der Elfe ist besonders, sie beruhigt mich, und ich, das Leben, werde aufmerksam. Die vielen wirren Gedanken verschwinden langsam, und ich, das Leben, höre der Elfe aufmerksam zu. Habe ich, das Leben, einen Wunsch? Etwas, was ich ausprobieren kann? Ich überlege. Was könnte das sein? Wenn ich, das Leben, mir ein Bild der Freude vorstelle, ist sie klein, grau und ohne Inhalte. Beim Glück ist es genau gleich. Wenn ich, das Leben, diese beiden Bilder anschaue, fühle ich mich unwohl und leer. Die Elfe hat für mich, das Leben, anfangs drei Vorschläge. Ich, das Leben, werde, mit leiser Skepsis, wohl einen davon ausprobieren. Die Elfe sagt: „Leben, mein Freund, ich, die Elfe, habe für dich drei Ideen für Momente, welche du im Alltag ausprobieren kannst. Die sind einfach und bringen Glück und Freude. Idee Nummer eins ist, der ersten Person, welche du, Leben, am Tag triffst, ein Lachen schenken und ein paar freundliche Worte mit ihr sprechen. Die zweite Idee, eine Ruhepause machen, 15 Minuten etwa, daheim auf dem Sofa, auf einer Bank im Stadtpark oder in einem angenehmen und ruhigen Café. Der dritte Vorschlag ist, den Alltag mit etwas Positivem, Fröhlichem abzuschließen. Das kann sein: in einem Buch lesen, ruhige entspannende Musik hören oder etwas Schönes betrachten wie ein Bild, Fotos mit Erinnerungen, die positive Gefühle auslösen, oder in die Natur schauen." Das sind praktische Ideen, das ist mir, dem Leben, klar. Sie brauchen wenig Zeit und kosten nichts. Für welche Idee soll ich mich, das Leben, entscheiden? Kann ich das spontan? Habe ich, das Leben, Fragen an die Elfe? Wie merke ich, welche Idee für mich genau jetzt die richtige ist? Ich, das Leben, frage die Elfe, meine beste Freundin: „Wie kann ich sicher sein, was genau jetzt der passende Moment für mich ist?" Sie sagt: „Was meinst du, welche dieser drei Ideen macht dir am meisten Freude? Kannst du dir das vorstellen?" „Ja, das kann ich", sage ich, das Leben, spontan und klar. Es ist für mich, das Leben, überraschend einfach zu wählen, welche Idee ich als Erstes ausprobieren werde, was mir sicher Freude macht, es ist die Ruhepause. Das kann ich, das Leben, mir auch gut vorstellen. Wann, wo und wie kann ich, das Leben, die Ruhepause einplanen? Am Mittag, am Nachmittag oder am Abend, wenn alle hektischen Arbeiten erledigt sind? Für den Start wähle ich, das Leben, die Pause am Abend, um diese Zeit fühle ich mich meist etwas müde, das lädt zu einer Ruhepause ein. Ich, das Leben, suche einen für mich guten Ort, es soll bequem und ruhig sein. Da fällt mir ein, ich, das Leben, habe ein bequemes Sofa, auf dem ich sitzen oder liegen kann, es steht an einem guten Ort in meiner Wohnung, und es ist ruhig; dort kann ich, das Leben, ungestört eine Pause machen. Auf diesen Moment im Alltag freue ich mich.

Ruhepause auf dem Sofa

Ich, das Leben, sitze auf dem Sofa, so entspannt wie es mir möglich ist. Hm. Die Elfe hilft mir, sie unterstützt mich. Soll ich, das Leben, die Elfe etwas fragen? Sie könnte mich in genau dem Moment, wo ich so dasitze, unterhalten, mich, das Leben, zum Lachen bringen oder mir eine Geschichte zum Dahinträumen erzählen. Wenn die Elfe mir, dem Leben, eine Geschichte erzählen würde, das wäre einfach für mich, dann wüssten meine Gedanken, was sie mit dieser Pause anstellen können. Die Gedanken sind unruhig und schwirren in allen Richtungen herum. Da kann ich, das Leben, nicht zur Ruhe kommen. Ich, das Leben, frage die Elfe: „Was kann ich nun machen, hier auf dem Sofa, mit meinen Gedanken und meinen Gefühlen? So richtig wohl fühle ich mich, das Leben, nicht.“ Und wie die Elfe das so macht, sie hat eine Lösung und weiß, was ich, das Leben, tun kann, um meine Gedanken zu beruhigen. Die Elfe rät mir, dem Leben: „Du, Leben, du kannst deine Lieblingsmelodie summen oder ein Lied singen. Welches Lied kommt dir, Leben, als erstes in den Sinn? Hast du eine Melodie oder ein Lied?“ Ja, eine Melodie, ich weiß nicht, wie sie heißt, es ist ein Chorlied aus einer Oper. Die Melodie habe ich, das Leben, schon oft gesummt, und ich kenne einen Teil des Textes.

Ich, das Leben, bin überrascht, wie gut das geht. Ich sitze auf dem Sofa und summe vor mich hin. Ich, das Leben, schaue in die Weite, ohne Ziel, vergesse die Zeit, und die Gedanken werden langsamer und ruhiger.

Was macht das nun mit mir, dem Leben? Macht mich das zufrieden, fröhlich, ruhig, entspannt oder etwas anderes? Was ist es genau? Es bereichert mich, das Leben, mit bis jetzt wenig bekannten Gefühlen und Eindrücken. Wie eine Reise zu mir selbst, zu meinen Wünschen.

Die Elfe applaudiert mir, dem Leben. Sie freut sich für mich, das Leben. Freue ich mich auch? – Ja, und ich, das Leben, freue mich über dieses Experiment mit diesem Moment, dieser Pause im Alltag. Ich, das Leben, wünsche mir mehr solche Ruhepausen im Alltag. Die Elfe meint: „Leben, das ist ein gelungener

Start mit den Momenten im Alltag. Ich, die Elfe, freue mich auf die folgenden Momente. Das wird bestimmt spannend, diese Momente im Alltag und mit dem Leben."

Der ruhende Blick ins Grüne

Für kleine, das heißt kurze Pausen im Alltag hat die Elfe eine einfache Idee. Sich kurz Zeit nehmen und ins Grüne, in die Natur schauen. Bäume, Blumen und Pflanzen betrachten. Die vielen Grüntöne, die Formen der Blätter, die verschiedenen Bäume und die bunten Blumen faszinieren. Ohne Ziel diese Natur betrachten, den Blick in die Weite schweifen lassen. Und dabei an nichts denken. Vielleicht die Blumen zählen und damit vom Denken ablenken, mehr nicht. Das ist einfach, und die Wirkung ist groß. Ich, das Leben, überlege mir, wann ich das ausprobieren kann. Zwischen zwei Gesprächen, eine kurze Zeit aus dem Fenster schauen, das ist gut zu machen. Von dort kann ich, das Leben, einige Bäume in einem Park sehen. Und schaue diese an. In der Art, wie die Elfe das erklärt hat. Ich, das Leben, entdecke die vielen Grüntöne der Baumkronen und wie die Blätter im Wind schaukeln. Ich werde ruhig, ich überlege nicht, was ich alles noch tun wollte, was morgen ist, wen ich noch anrufen sollte, die vielen Mails, die zu beantworten sind, die nächste Besprechung, die noch vorzubereiten ist, was ich am Wochenende alles erleben möchte, was ich einkaufen will, wen ich schon lange nicht mehr getroffen habe. Nein, in diesem Moment ist es in meinem Kopf ruhig. Ich, das Leben, schaue in die Landschaft, für kurze Zeit.

Die Elfe freut sich von Herzen, sie schaut mir, dem Leben, zu. Sie lächelt ihr freudvolles Lächeln. Mir, dem Leben, gefällt dieser Moment. Ins Grüne, in die Landschaft schauen, das ist einfach, und das kann ich, das Leben, mehrmals und ohne zu planen, in meinen Alltag integrieren. Das wird mir, dem Leben, auch gelingen. Mich fasziniert dieser Moment.

Freude erleben

Ich, das Leben, freue mich über viele Dinge. Was alles bringt mir, dem Leben, Freude? Was kann ich, das Leben, unternehmen, um mehr Freude zu erfahren? Das sind große Fragen.

Die Freude teile ich, das Leben, gerne mit der Elfe. Die Elfe ist Meisterin der Freude. Sie freut sich, wenn ich, das Leben, mich freue. Die Elfe freut sich an kleinen und großen Dingen. Besonders freut sie sich über die Natur und Begegnungen mit Menschen und ihren Werten. Ich, das Leben, frage die Elfe: „Elfe, welche Werte sind für dich besonders?“ Die Elfe denkt nach, nur für eine kurze Zeit. Sie erzählt: „Die Werte, welche mir, der Elfe, viel bedeuten, sind Glück, Dankbarkeit und Klarheit. Glück ist für mich das Wohlbefinden als Ganzes, ich fühle mich geborgen in allem, was ich tue, aufgehoben in den Momenten, und fokussiere mich auf das, was im Jetzt ist. Dankbarkeit, das gehört zum Glück dazu. Dankbar sein für alle Momente des Glücks und die vielen damit verbundenen Erlebnisse und Emotionen, das ist etwas Großes für mich, die Elfe. Die Klarheit ist für mich, die Elfe, genau zu erkennen, was mir Freude bereitet und was mich glücklich macht. Alles, was Freude macht, gelingt einfacher und meist ohne Anstrengung.“ Ich, das Leben, bin berührt von dem, was die Elfe erzählt. Das, was sie sagt, stimmt auch für mich, das Leben. Was kann ich, das Leben, für mehr Freude im Alltag tun? Dessen bin ich mir nicht sicher. Um genau zu erkennen, was mir, dem Leben, am meisten Freude bereitet, dazu fehlt ein großer Teil an Erfahrungen mit Momenten im Alltag. Ich, das Leben, freue mich über viele Dinge. Und ich freue mich auf alle Momente, welche ich mit der Elfe erleben werde.

Natur in den Alltag einladen

Natur im Alltag, das ist mir, dem Leben, sehr wichtig. Wie kann ich, das Leben, mehr Natur in den Alltag einladen und erleben? Ich, das Leben, wünsche mir, dass der Alltag von der Natur begleitet wird. Das habe ich, das Leben, von der Elfe gelernt.

Die Elfe hat mir, dem Leben gezeigt, wie es mir gelingt, täglich Zeit mit der Natur zu verbringen. Jetzt ist mir klar, das hat mir, dem Leben, im alten Alltag mit Beschäftigtsein von früh bis spät enorm gefehlt. Weil ich, das Leben, nicht gekannt hatte, wie wohltuend der Kontakt mit der Natur ist, habe ich nicht bemerkt, dass mir dieser Kontakt mit der Natur fehlt. Und klar, ich, das Leben, hatte auch gar keine Zeit, um mich mit der Natur zu beschäftigen. Dank der Elfe habe ich, das Leben, den Kontakt mit der Natur erst kennengelernt. Die Elfe hat mir, dem Leben, viel über die Natur erzählt, und hat mich, das Leben, eingeladen, zusammen mit ihr die Natur besser kennenzulernen. Wir beide, ich, das Leben, und die Elfe, haben gemeinsam nach einfachen Ideen für mehr Natur im Alltag gesucht. Das war sehr spannend und lehrreich. Ich, das Leben, habe vieles davon in meinen Alltag integriert und schätzen gelernt. Im Alltag verbinde ich, das Leben, vieles mit der Natur. Ich, das Leben, bestaune die Natur, ich rieche die Düfte von blühenden Blumen und Blüten bewusst, ich höre dem Summen der Bienen zu, ich bin berührt von den kraftvollen und sanften Farben der Natur, ich lausche dem Wind und dem plätschernden Bach. Ich gehe zu Fuß durch die Natur. All dies kann ich, das Leben, mit dem Alltag verbinden. Es braucht keinen speziellen Ort dazu. Das geht alles, wenn ich sowieso unterwegs bin, aus dem Fenster schaue oder eine Pause im Grünen erlebe. Es braucht keine Zeit und kostet nichts. Das Einzige, was es braucht, um im Alltag mehr Natur zu erleben, ist, aufmerksam und achtsam zu sein. Wie kannst du dich in deinem Alltag mit der Natur verbinden?

Gutes, natürliches Essen

Was macht gutes Essen aus? Was ist natürliches Essen? Das habe ich, das Leben, erst kürzlich von der Elfe kennengelernt. Bis anhin hat mich das nicht bewegt. Jetzt habe ich eine erste Vorstellung davon. Für mich, das Leben, ist das so: Das Essen wird lokal angebaut, es ist frisch, es hat möglichst keine Zusatzstoffe, und es ist wenig verarbeitet. Das, denke ich, das Leben. Ist das alles? Was braucht es noch? Gutes Essen wird nicht weit transportiert, und die Menschen, die es anbauen, produzieren, werden fair bezahlt. Das heißt, sie können gut davon leben. Gutes, natürliches Essen ist einfaches Essen, das sind Speisen mit wenigen Zutaten und kurzer Kochzeit. Ich, das Leben, mag das. Der Elfe ist dies, wie mir, dem Leben, auch sehr wichtig. Sie meint. „Und etwas, worauf ich, die Elfe, achte, ist der biologische Anbau der Nahrungsmittel. Die Natur darf durch den Anbau von Nahrungsmitteln nicht übernutzt werden.“ Die Elfe nimmt eine kurze Pause und fügt hinzu: „Ich, die Elfe, nehme mir Zeit zum Essen. Ich gehe achtsam mit dem Essen um. Am liebsten mag ich Früchte und Gemüse.“ Und wie ist es mit mir, dem Leben? Das achtsame Essen ist für mich, das Leben, wichtig geworden, und ich bin immer wieder von der Vielfalt der Aromen und den unterschiedlichsten Geschmacksempfindungen fasziniert. Was zum Essen dazugehört, ist das Trinken, möglichst einfach und natürlich. Am liebsten sind mir, dem Leben, Wasser, Tee und Fruchtsaft. Das ist für mich, das Leben, für den Alltag ausreichend. Mit etwas Übung braucht es nicht viel Zeit, ein gutes, natürliches Essen zu kochen. Das werde ich, das Leben, noch üben, viel üben. Die Elfe wird mich dabei unterstützen, dessen bin ich sicher.

Angenehme Räume zum Wohnen

Was sind angenehme Räume? In welchen Räumen fühlst du dich wohl? Was ist dir in einem Raum wichtig? Ist es das große Fenster, die Farben, die Materialien, die Raumgröße, die Höhe des Raumes? Was gibt es noch? Ich, das Leben, weiß für mich sehr gut, was wichtig ist, damit ich mich in einem Raum zum Wohnen auch wohlfühle. Die Wahrnehmung soll möglichst der Natur ähnlich sein. Das gelingt nicht immer von Anfang an, es braucht Zeit, dies wahrzunehmen und hie und da auch etwas zu erneuern. Einfach erklärt ist mir, dem Leben, in Wohnräumen Folgendes wichtig: Oberflächen mit natürlichen Materialien wie beispielsweise ein Holzboden oder Holzwände, eher helle Materialien, lieber hohen Räume, ein großes Fenster mit einer Fensterbank zum Sitzen, wenige, fröhliche und farbige Bilder, Oberflächen, welche uneben sind, und vielleicht noch passende Pflanzen. Das ist für mich, das Leben, das Wichtigste. Und gelernt habe ich das von der Elfe. Bestimmt gibt es noch mehr Kriterien für einen angenehmen Wohnraum. Ich, das Leben, bin gespannt, welche zusätzlichen Eigenschaften für einen angenehmen Wohnraum die Elfe kennt. „Du, Elfe, was ist dir in einem Wohnraum zusätzlich zu diesen Eigenschaften wichtig, damit du dich wohlfühlst?" Die Elfe antwortet rasch und klar „Mir, der Elfe, sind noch ein paar Herzensangelegenheiten wichtig. Ich mag Holz mit einem harzigen Duft. Für mich, die Elfe, ist es auch wichtig, dass die Stimmen und die Musik im Raum angenehm klingen, dazu tragen weiche Oberflächen, das kann auch bei den Möbeln sein, bei. Und zusätzlich zu den bunten Farben ist für mich, die Elfe, ein warmes Licht wichtig, welches schöne Stimmungen ermöglicht."

Die Elfe freut sich sehr über diese Frage. Für sie sind angenehme Räume zum Wohnen ein Herzenswunsch. „In guten Wohnräumen sein, entspannen und ruhen, das ist wunderbar", sagt die Elfe, und ihre Stimme ist voller Freude. Für mich, das Leben, ist das auch so, nur bis jetzt hat mir die Zeit zum angenehm Wohnen gefehlt. Was eigenartig ist. Etwas so Wichtiges, und keine Zeit dafür einzusetzen. Ich, das Leben, wünsche mir in Zukunft viel mehr Zeit zum angenehmen Wohnen. Die Elfe wird mich auch dabei liebevoll unterstützen.

Friedliche Umgebung zum Wohnen

Angenehme Räume sind besonders wertvoll, wenn die Umgebung der angenehmen Räume friedlich ist. Das denkt die Elfe. Was meint die Elfe damit? Ich, das Leben, wünsche mir viel Natur und Ruhe rund um die angenehmen Räume zum Wohnen. Das ist für mich, das Leben, wichtig für das Glück im Alltag. Die Natur zu erleben, mit den Farben, Formen, Mustern, Düften, der Lebendigkeit, den Geräuschen und mehr, das ist für mich, das Leben, eine große Qualität. Ohne die Natur in der Nähe zu haben, kann für mich, das Leben, kaum Glück sein. Das habe ich, das Leben, von der Elfe gelernt. Sie hat eine starke Verbindung zur Natur. Ich, das Leben, frage die Elfe „Was ist für die Umgebung von Räumen zum Wohnen wichtig? Du, Elfe, hast schon oft von der Verbindung mit der Natur gesprochen. Kannst du, Elfe, mir, dem Leben, erzählen, wie du das meinst?“ Die Elfe nimmt sich Zeit. Nach einer Weile sagt sie: „Die Natur und die Ruhe in der Umgebung von Räumen zum Wohnen sind sehr wichtig, sie machen diese zu richtig guten Räumen zum Wohnen. Damit ich, die Elfe, das verständlich erklären kann, zeige ich dir ein paar Beispiele auf. Wenn ich, die Elfe, von meinem Raum zum Wohnen aus Tiere, die friedlich grasen, blöken, ausruhen, schlafen, beobachte, tut mir, der Elfe, das gut. Bäume schenken mir Kraft und Ruhe, in ihrer Nähe kann ich mich wunderbar ausruhen, auch drinnen im Raum. Oder der Blick auf Blumen, lebendige Gärten, Pflanzen, Sträucher, Hühner, die gackern, ein Teich, das tut mir, der Elfe, gut. Es stärkt mich, und ich fühle mich geborgen. Die Ruhe verstärkt all das. In einer ruhigen Umgebung werde ich, die Elfe, selbst ruhig, entspannt und zufrieden. Das, so empfinde ich, die Elfe, ist die starke Verbindung zur Natur.“ Ich, das Leben, bin berührt von diesen Worten. Ich, das Leben, habe gelernt, dass die gute Umgebung und die angenehmen Räume zusammengehören. So wie Pflanzen, die gemeinsam besser wachsen.

Nun ist es an mir, dem Leben, für das Wohnen mit der friedlichen Umgebung mehr Zeit zu haben. Das ist schwieriger als gesagt, und ich, das Leben, bin sicher, ich werde das schaffen.

Glücklich mit wenig

„Hast du, Leben, dich schon einmal gefragt, was du an materiellen Dingen bauchst, um glücklich zu sein?“, fragt die Elfe ganz spontan. Ich, das Leben, mag diese Fragen nicht. Was will nur die Elfe damit sagen? Oh nein. Ich, das Leben, habe mir so vieles erarbeitet, dafür unendlich viel Zeit eingesetzt. Und dazu viel Anerkennung erhalten. Und jetzt, soll ich, das Leben, mir überlegen, welche von diesen materiellen Dingen ich brauche, um glücklich zu sein. Das ist mir, dem Leben, einfach zu viel.

Die Elfe meldet sich zu Wort: „Du, Leben, brauchst nicht erschreckt oder gar zornig zu sein, für gute Momente im Alltag sind wenige Dinge nötig. Überlege dir, wie viel Zeit du brauchst, um all diese Dinge zu unterhalten, zu pflegen, zu reinigen, zu reparieren und mehr. Ich, die Elfe, bin sicher, wenig Elektronik tut gut. Ich meine damit, wenig Elektronik zu besitzen und diese so wenig wie möglich zu gebrauchen. Und es gibt bestimmt noch viele andere Dinge, die von dir wertvolle Zeit nehmen. Brauchst du, Leben, von allem das Neueste, was es gibt?“ Die Elfe ist für mich, das Leben, manchmal einige Schritte zu schnell. Passt mir, dem Leben, das? Kann ich mir, dem Leben, vorstellen weniger Dinge zu besitzen? Ich, das Leben, weiß das echt nicht. Was ich, das Leben, machen werde, ist Aufräumen und Dinge, die ich nicht mehr brauche, verschenken oder anders weggeben. Das kann ich, das Leben, bald angehen. Und ich, das Leben, kann mir bestens vorstellen, dass dies eine gelungene Sache ist und den Alltag von viel Ballast befreit. Ich, das Leben, wünsche mir, mich in allem frei zu fühlen. Weniger Dinge zu besitzen unterstützt das bestimmt.

Zeit für Schönes

Was gibt es Schönes im Alltag? Sind das Dinge, die beim Betrachten als schön empfunden werden? Sind das Farben? Ist es eine Blume, die ihre Schönheit zeigt? Ist Schönes mehr als das? Ist es einfach schön und angenehm, eine Pause zu machen, zu ruhen und den Tag zu genießen? Ich, das Leben, finde, da gibt es so vieles, was auf irgendeine Art schön ist. Ich, das Leben, finde es schön, so wertvoll von der Elfe begleitet zu werden. Schöne Dinge in Räumen zum Wohnen sind für mich, das Leben, wichtig. Schöne Tassen für den Tee, schöne fröhliche Bilder, schöne Vasen für Blumen und mehr. Richtig schön sind diese Dinge, wenn ich, das Leben, mir auch Zeit nehme, diese anzuschauen. Was gibt es Schönes im Alltag? Der morgendliche Schwatz mit einer Freundin. Ein Vogel, der sich vor dem Fenstern zeigt. Friedliche Musik hören.

Diese schönen Momente und Dinge bereiten mir, dem Leben, Freude. Ich frage mich: „Wie kann ich mehr von diesen schönen Momenten und Dingen im meinem Alltag erleben? Wie kann mein Stück des Kuchens von diesem Glück größer werden?“ Die Süße des Glücks zieht mich, das Leben, an. Ich, das Leben, wünsche mir mehr davon, mehr vom Schönen und mehr vom Glück. Die verschiedenen Zutaten für den Kuchen des Glücks, eine davon ist das Schöne, geben diesem die köstliche Süße. Die Elfe hat gut zugehört. Dieses Bild des Kuchens des Glücks, das gefällt ihr. Die Elfe hat für Schönes einige Erklärungen und Ideen mehr. Glücklich zu sein, zufrieden und Freude an schönen Momenten und Dingen zu erleben, das ist der Elfe wichtig. „Ich, die Elfe, wünsche mir, mit all den schönen Momenten und Dingen zu sein. Was ich, die Elfe, an den schönen Momenten und Dingen so mag, ist dieses Gefühl des Glücklichseins.“ Ich, das Leben, wünsche mir dieses Gefühl des Glücks zu erleben. Die Elfe hat noch mehr zu erzählen. „Ich, die Elfe, habe viele Ideen für Schönes im Alltag. Das sind schöne und bequeme Kleider, am liebsten aus natürlichen Materialien. Das finde ich, die Elfe, großartig und schön. Ich, die Elfe, mag es, in schönen Büchern zu lesen, schöne Bilder anzuschauen und genügend Zeit für diese schönen Dinge zu haben. Was gibt es Schöneres, als im Alltag dies zu erleben?“ Die Elfe wirkt auf mich, das Leben, sehr fröhlich und zufrieden. Wie das Glück, das sich im Alltag zeigt.

Den gewohnten Alltag anders gestalten

Gewohntes anders tun oder den gewohnten Ablauf im Alltag ändern, das sind witzige Momente, die Spaß machen. Das habe ich, das Leben, ausprobiert ohne einen Wink der Elfe. Ich, das Leben, starte den Alltag manchmal sehr früh, setze mich hin und genieße die Morgenstimmung. Bei Vollmond mag ich es, nachts wach zu sein. Immer wieder probiere ich, das Leben, ungewohntes Essen, probiere eine Frucht, die ich bis anhin nicht gekannt habe. Lustige Sachen mache ich auch, ziehe Socken mit unterschiedlichen Farben an, sitze an einem ungewohnten Platz, gehe ein paar Schritte rückwärts, lese in einer Zeitschrift, die auf den ersten Blick nicht mein Ding ist, nutze unbekannte Wege. Ich, das Leben, kaufe in Läden ein, die neu für mich sind. Ich kaufe Dinge, wenn ich sie tatsächlich auch brauche, die mir, dem Leben, neu sind. Ich, das Leben, habe schon oft erlebt, wie lustig und bereichernd es ist, gewohnte Dinge anders zu tun. Das schenkt mir, dem Leben, immer mal wieder reichhaltige Momente. Diese sind reich an Freude, Überraschungen und Humor. Sobald ich, das Leben, eine Idee habe, etwas anders zu tun – das ist oft der Fall –, dann versuche ich das auch zu tun. Und es bringt mir, dem Leben, Freude in den Alltag.

Die Elfe meint: „Alles, was Freude bringt, das ist wertvoll. Neues, Ungewohntes und damit auch Überraschungen bereichern den Alltag. Ich, die Elfe, mag Ungewohntes. Das schenkt mir unbekannte Erlebnisse und eine Art Reichtum. Das Leben macht das gut. Kleine Dinge anders tun als gewohnt, das bringt Farbe in den Alltag und tut einfach gut." Ich, das Leben, mag dieses Ungewohnte sehr und wünsche mir mehr davon. Meist braucht es wenig Zeit und kostet nichts, das ist praktisch. Ich, das Leben, bin sicher, da werde ich noch vieles ausprobieren. Wie machst du das? Magst du auch die unbekannten Momente?

Das Gleichgewicht im Alltag finden

Wenn ich mich, das Leben, an meinen Plan, an den mit den verschiedensten Aktivitäten prall gefüllten Alltag mit dieser Hektik erinnere, dann erinnere ich mich auch an diesen Drang und die Anstrengung auf der unermüdlichen Suche nach Ablenkung. Ich, das Leben, erkläre dir das so: Der Arbeitsalltag war voll mit Aktivitäten und leer mit Inhalten. Mit großer Anstrengung und klarem Ziel habe ich, das Leben, Ablenkung gesucht. Ich, das Leben, habe Höchstleistungen im Sport gesucht, habe die Wochenenden mit Programmen vollgepackt, habe mir kurze Abenteuerferien weit weg gegönnt, habe mir Dinge angeschafft die ich gar nie gebraucht hätte, habe Theaterabende besucht, die mich, das Leben, nie interessierten, habe mich mit Personen getroffen, die mir, dem Leben, wenig bedeutet haben. Das war kein angenehmer Alltag. Dies hat mir, dem Leben, Energie geraubt. Ich, das Leben, habe mich leer gefühlt. Du kannst es schon erraten, die Elfe hat mir, dem Leben, auch hier geholfen. Es ist der Elfe gelungen, mich, das Leben, aus diesem Immer-mehr-Lauf zu befreien. Die Elfe hat mich, das Leben, gefragt: „Du, Leben, wie geht es dir in deinem Alltag? Fühlst du dich wohl und aufgehoben in diesem prall gefüllten Alltag?“ Diese Fragen waren für mich, das Leben, hart. Das hat sich angefühlt, als ob mir, dem Leben, das Fundament meines eigenen Daseins wegbricht. Mir, dem Leben, war auch klar, dass es mir in diesem Alltag nicht gut geht und ich mich matt fühle.

Ich, das Leben, frage mich, wie kann ich das Gleichgewicht im Alltag finden? Wie geht das? Die Elfe sieht das mit dem Gleichgewicht im Alltag so: „Das Gleichgewicht im Alltag kann ich, die Elfe, gut erklären. Dieser Zustand ist erreicht, wenn abends Müdigkeit mit Zufriedenheit und Wohlbefinden da sind. Das heißt, gute und ausreichend Energie für einen erholsamen Schlaf vorhanden ist. Wie ein solcher Alltag aussieht, ist individuell. Ich, die Elfe, denke, der Alltag ist ruhig, frei von hoher Leistung, ohne Hektik. Damit zufrieden zu sein und die einzelnen Momente bewusst erleben, das ist wichtig. Das tun, was Freude macht.“ Mir, dem Leben, ist klar, mit den verschiedenen Momenten kann ich, das Leben, dies gut erreichen. Achtsam sein mit mir, dem Leben, Momente mit allen Sinnen wahrnehmen und dankbar sein. Ich, das Leben, kann mit den verschiedenen Momenten das Gleichgewicht im Alltag finden und erleben. Ich, das Leben, freue mich sehr über dieses Gleichgewicht, danach habe ich lange gesucht. Dank den Momenten, werde ich, das Leben, das Gleichgewicht im Alltag finden. Das freut mich sehr.

Zeit, um alleine zu sein

Alleine Zeit zu verbringen ist wertvoll, das sagt die Elfe. Die Elfe ist meist für sich alleine und fühlt sich sehr wohl dabei. Sie vermisst nichts. Die Elfe kann gut mit sich alleine sein und dazu nichts tun, sie ist einfach da.

Ich, das Leben, weiß, die Elfe schaut glücklich aus, wenn sie alleine ist. Das ist erstaunlich und fühlt sich für mich, das Leben, unangenehm an, verloren passt dazu als Beschreibung am besten. Wie ist das möglich, Zeit alleine verbringen und dazu auch noch glücklich sein? Die Elfe, die kann das, sie kann vieles, was mir, dem Leben, nicht so behagt. Und ich, das Leben, mich unsicher fühle, wenn ich nur daran denke. Ich, das Leben, bin gerne umgeben von Menschen, Arbeit und Unterhaltung. Wie kann ich, das Leben, das ändern? Vielleicht ein erstes Alleinesein ausprobieren. Kinder probieren auch Dinge einfach aus, und bis sie es können, braucht es viel Übung. Wie viele Male stürzen Kinder, bis sie ein paar Schritte alleine gehen können? Da kann ich, das Leben, bestimmt auch mehrmals üben alleine zu sein. Für mich, das Leben, ist es nicht wichtig, ob mir das Alleinesein von Anfang an behagt. Wichtig ist, ich, das Leben, probiere das mit dem Zeit-alleine-Verbringen einfach aus. Wie mach ich, das Leben, das? Was mir, dem Leben, spontan einfällt, ist einen Tag alleine in der Natur verbringen oder alleine in einem Café sitzen und für mich einen Kaffee trinken. Für mich alleine ein feines Menü kochen und mit Genuss essen. Das sind gute Ideen. Nun, welche soll ich, das Leben, ausprobieren. Ich frage die Elfe: „Du, Elfe, schaust so glücklich und zufrieden aus, wenn du etwas für dich alleine tust. Da staune ich, das Leben. Was meinst du, Elfe, hast du eine Idee, was ich, das Leben, alleine machen kann? Es braucht wohl einen Schubs, das bewusst zu tun. Elfe, was empfiehlst du mir, dem Leben, womit soll ich anfangen?" Die Elfe jubelt, sie sieht, wie das Leben sich entwickelt, wie es friedlicher und glücklicher wird. „Ja, ich, die Elfe, habe etwas Spezielles für dich, das Leben: Mach einen Spaziergang durch die Natur, durch einen Wald, einen Bach entlang oder durch einen Park. Das kannst du, Leben, gut für dich alleine tun." Das ist eine gute Idee für mich, das Leben, ich mag die Natur.

Alleine in der Natur sein, das ist ein guter Moment, ich freue mich sehr darauf und freue mich davon zu berichten.

Wertschätzung im Alltag

Was macht den Alltag wertvoll? Ich, das Leben, denke, das ist ein wichtiges Thema für die Elfe. So gut kenne ich, das Leben, die Elfe nun. Ihre Ideen sind klar, wertschätzend und einfach umzusetzen. Für einen wertvollen Alltag hat sie bestimmt dazu passende Tipps und Ideen. Die Elfe meint es gut mit mir, dem Leben. Ich, das Leben, habe gelernt, die Ideen der Elfe tun mir, dem Leben, einfach gut. Anfangs wirken die Ideen der Elfe für mich, das Leben, fremd. Sie stellen mir, dem Leben, die vertrauten Gewohnheiten auf den Kopf und bringen den Alltag durcheinander. Und ich, das Leben, vertraue den Ideen der Elfe und vertraue der Elfe. Sie ist liebevoll, sie bewertet mich, das Leben, nie, sie ist in ihrer Art kostbar, und ich, das Leben, fühle mich sehr verbunden mit ihr.

So frage ich, das Leben, die Elfe: „Elfe, hast du Ideen, wie ich, das Leben, mehr Wertschätzung in den Alltag einbauen kann? Wie ich einen wertvollen Alltag leben kann? Was ist Wertschätzung für dich, Elfe?" Die Elfe nimmt sich für die Antwort Zeit. Sie überlegt sich, was Wertschätzung alles bedeuten kann. Das sind viele kleine Steine, die sich zu einem Haus mit vielen Möglichkeiten zusammenfügen. Die Elfe erklärt das so: „Ich, die Elfe, denke, alles, was wertvoll ist, und damit meine ich nicht Dinge, ich meine, was den Alltag wertvoll macht, ist Wertschätzung. Ein Beispiel ist, freundliche und liebevolle Wort zu verwenden. Ich, die Elfe, bin sicher, ehrlich zu sein und die Wahrheit zu sagen ist einer der wichtigsten Steine am Haus der vielen Möglichkeiten der Wertschätzung. Komplimente bringen Freude in den Alltag. Sie kosten nichts und brauchen kaum Zeit. Es sind Sätze wie: Das hast du gut gemacht, das gefällt mir, dein Lachen macht mich fröhlich, dein neuer Pullover ist schön und viele mehr. Dankbar zu sein für die kleinen und großen Momente im Alltag gehört auch dazu. Das klingt so: danke für das einfühlsame Gespräch, danke für diese tolle Idee, danke für das Zuhören, danke für die Begleitung, danke für dein Lachen und vieles mehr. Das klingt einfach. Leben, wie kannst du diese Ideen in den Alltag einbauen? Diese vielen Steine am Haus der Wertschätzung. Mir, der Elfe, fällt noch etwas ein. Komplimente annehmen und sich darüber freuen, das ist ein weiterer wichtiger Stein. Leben, nun habe ich, die Elfe, viel erzählt, jetzt bist du dran." Ja, ich, das Leben, bin dankbar für diese Worte der Elfe, das ist klar. Wie einfach das ist, das macht mich fröhlich. Ich, das Leben, übe diese Wertschätzung im Alltag, es gibt so viele, einfache Möglichkeiten, die mich, das Leben, begeistern, das ist wunderbar. Ich werde achtsam sein, freundliche und liebevolle Worte sprechen. Der Gedanke daran wärmt mein Herz.

Für mich, das Leben, ist es ungewohnt, Komplimente anzunehmen. Das übe ich nun.

Alltägliches mit Liebe tun

Tägliche Dinge mit Liebe tun, davon spricht die Elfe gerne. Während die Elfe davon spricht, klingt ihre Stimme anders als sonst, als ob die Liebe in den Tönen und Worten mitschwingt und darin enthalten ist. Die Augen der Elfe leuchten wie ein goldener Stern am Nachthimmel. „Ich, die Elfe, trage die Liebe mit mir mit, sie ist in mir drin und bereichert mich. Was ist Liebe für mich, die Elfe? Wie kann ich, die Elfe, diese Liebe im Alltag erleben? Es ist diese Liebe von Verbundenheit, Mitgefühl und unendlicher Wertschätzung. Diese Liebe ist an keine Bedingungen geknüpft. Diese Liebe ist immer da und bereichert die alltäglichen Dinge großartig. Damit wird etwas Alltägliches wie ein Essen kochen zu einem grandiosen Fest der Gefühle, der Freude und der Fülle. Es umschmeichelt den Alltag, wie ein weicher Mantel an kalten Tagen für angenehme Wärme sorgt. Ich, die Elfe, tauche so oft wie möglich in diese Liebe ein.

Alltägliche Dinge mit Liebe tun. Mein Herz wird dabei weich, warm und leicht. Für mich, die Elfe, ist dies das ganz Große." Ich, das Leben, bin wie benommen von dieser Erzählung der Elfe, so als ob ich gleichzeitig in Rosenduft bade, süße Erdbeeren esse und kristallklare Klänge höre. Da gibt es etwas in mir, dem Leben, was bis anhin wohl geschlafen hat. Dieses Gefühl von Dinge im Alltag mit Liebe tun, das übe ich, das Leben, in kleinen Schritten. Kleine Schritte bei alltäglichen Dingen wie mit Liebe einen Kuchen backen, mit Liebe den Garten pflegen, mit Liebe einen Text schreiben, mit Liebe eine Pause einlegen und mehr. Als Erstes habe ich, das Leben, mit Liebe einen Kuchen gebacken. Das habe ich, das Leben, niemandem erzählt, und der Kuchen hat sehr gut geschmeckt, besser als alle Kuchen, die ich davor gebacken habe. Ich, das Leben, habe noch mehr ausprobiert, ich habe mit Liebe meine Schuhe geputzt, das mache ich, das Leben, gar nicht gerne. Mit Liebe geht das viel, viel einfacher, ohne diese Strenge. Ich, das Leben, kann nun ein klein wenig mit der Elfe mithalten. Die Elfe ist Meisterin darin, alltägliche Dinge mit Liebe zu tun.

Und du, was denkst du? Was könntest du in deinem Alltag mit Liebe tun? Machst du es so wie ich, das Leben, und startest mit dem mit Liebe gebackenen Kuchen? Es lohnt sich.

Humor in den Alltag einladen

Den Alltag humorvoll angehen und erleben, das wünschen sich viele. „Wie ist Humor im Alltag zu verstehen?" Das habe ich, das Leben, mich schon oft gefragt. Die Antwort dazu scheint zuerst einfach, den Alltag mit Freude zu gestalten, zu erleben. Von morgens bis abends in einer fröhlichen Stimmung zu sein. Das ist wie Sonnenschein das ganze Jahr über. Ich, das Leben, bin mir sicher, das ist nicht alles, da versteckt sich wohl ein wichtiger Kern des humorvollen Alltags. Vielleicht sollte ich, das Leben, mich auch nicht allzu wichtig nehmen und alles, was geschieht, gleich auf eine Waage stellen und bewerten. Ich, das Leben mag es fröhlich und lustig. Ist damit auch humorvoll gemeint? Das weiß ich, das Leben nicht. Die Elfe weiß das. „Elfe, kannst du mir, dem Leben, erklären, was Humor im Alltag bedeutet? Wie kann ich, das Leben, das erkennen?“ Die Elfe hat, wie gewohnt, eine oder mehrere Antworten. Auch sie mag es humorvoll. „Ich, die Elfe, schätze einen humorvollen Alltag sehr. Ich freue mich, solche Alltage zu erleben. Für mich hat ein humorvoller Alltag zwei wichtige und gleichwertige Teile. Diese sind: heiter zu sein und gelassen zu reagieren. Lass mich, die Elfe, das erklären. Das Heitere ist der Teil mit der grundlegenden Fröhlichkeit. Diese gute Grundstimmung, die sich in lustigen Worten, spontanem Vor-sich-hin-Singen, Hüpfen, Springen, Lachen und guten Gedanken zeigt. Kinder können das besonders gut. Gelassen reagieren ist für mich, die Elfe, herausfordern. Gelassenheit leben bedeutet für mich, die Elfe, Ruhe und Zufriedenheit zu halten, wenn etwas Anstrengendes, gar Negatives geschieht. In der Ruhe zu bleiben, wenn etwas Anstrengendes geschieht, ist ein wichtiger Teil für den Humor im Alltag. Wenn ich, die Elfe, ungeplant und lange auf etwas warten muss, dann zeigt sich klar, ob ich in Ruhe bleibe oder hastig werde. Im Alltag gibt es viele ähnliche Beispiele. In Ruhe zu bleiben macht mich, die Elfe, sehr zufrieden und stärkt mich. Einen humorvollen Alltag zu leben, das ist wunderbar und tut mir einfach gut.“ Ich, das Leben, bin überrascht und beeindruckt von dieser Erklärung. Die Elfe hat einmal mehr das Ziel genau getroffen. Diese Erklärung ist für mich, das Leben, wertvoll. Humor ist entscheidend mehr, als lustige Geschichten zu erzählen und Späße zu machen. Das habe ich, das Leben, gut verstanden. Der Teil mit der Ruhe ist für mich, das Leben, herausfordernd, ich werden das üben. Und ich bin sicher, es wird mir, dem Leben, gut gelingen, genügend Humor in meinen Alltag einzuladen.

Hat dein Alltag genügend Humor?

Die Stille als Kraftquelle nutzen

Was ist Stille? Die Stille ist geräuschlos und bewegungslos. Ich, das Leben, frage mich, wann im Alltag erlebe ich Stille? Zu welcher Zeit im Alltag ist es geräuschlos? Und wann ist der Alltag bewegungslos? Ich, das Leben, überlege mir lange, wie das ist mit der Stille. Ertrage ich, das Leben, die Stille? Sie fasziniert mich und macht mir gleichzeitig Angst. Wann bin ich, das Leben, erstmals bewusst der Stille begegnet? Das kann nicht lange her sein. Sicher bin ich, das Leben, in meinem hektischen, von Terminen definierten Alltag der Stille nie begegnet. Ich hätte zu dieser Zeit die Stille auch gar nicht bemerkt. Nun frage ich mich: „Kann ich, das Leben, die Stille erkennen und in meinem Alltag ertragen?" Da bin ich mir nicht sicher. Geräuschlos ist es früh am Morgen, gegen Abend, besonders in der Nacht und an speziellen Orten in der Natur. Das kann ich, das Leben, mir gut vorstellen. Zum Glück ist es in meinem Wohnraum ruhig, das hilft. Mit den bewegungslosen Zeiten, das sind Zeiten ohne Aktivität und ohne Programm, verhält es sich ähnlich. Am Morgen und am Abend kann ich, das Leben, mir gut vorstellen, ohne Programm zu sein. Am Abend ist es für mich, das Leben, am einfachsten, Stille zu erleben. In meinem Wohnraum kann ich alle Hintergrundgeräusche wie Musik ausschalten. Abends ist es auch einfach, ohne Programm zu sein, nichts zu tun. Ich, das Leben, setze mich hin und nehme die Stille wahr. Welche Gedanken sind da? Wie fühle ich mich? Welche Ideen und Träume zeigen sich? Anfangs konnte ich, das Leben, nur wenige Minuten in der Stille ertragen, eine halbe Stunde ist dank der täglichen Übung nun gut möglich, und in Zukunft werde ich, das Leben, auch länger in der Stille sein können. Dessen bin ich mir ganz sicher. Die Stille schenkt mir, dem Leben, viel. In der Stille kann ich meine Wünsche erkennen und ordnen. Die Momente der Stille sind für mich Nahrung für das Wohlbefinden von Körper, Geist und Seele. In der Stille erfahre ich, das Leben, viel über mich und lerne mich immer wieder neu kennen.

„Ich, die Elfe, habe in der Stille schon viel erlebt. In der Stille kann ich mich besonders gut wahrnehmen, ich kann ausruhen, und gute Gedanken entstehen wie nebenbei, ganz ohne Anstrengung. Ich, die Elfe, nutze die Stille oft, um wahrzunehmen, wie es mir geht. Die Zeit ist in diesen Momenten ohne Bedeutung, alles ist in sich stimmend. Diese Stille wirkt auf mich beruhigend und klärend. Ich, die Elfe, nutze die Stille bewusst, am Morgen und am Abend für einige Minuten und manchmal länger. Momente der Stille bringen mir, der Elfe, Fülle und Zufriedenheit in den Alltag. Diese Momente machen mich, die Elfe, glücklich, ich fühle mich geborgen."

Kennst du stille Momente in deinem Alltag?

Bewusstsein schaffen

Ich, das Leben, habe von der Elfe schon so viel gelernt. Ihr Wissen fasziniert mich, sie ist liebevoll und achtsam mit sich und allem, was ist. Ich, das Leben, bin von der Elfe beeindruckt. Sie ist weise und liebevoll. Ihre Worte sind ruhig, und sie tun mir gut. Ich, das Leben, empfinde die Worte der Elfe als heilsam. Sie begleitet mich durch viele Momente im Alltag, sie hat mir den Weg zu einem durchwegs angenehmen Alltag mit den wertvollen Momenten gezeigt. Nun bin ich, das Leben, ein Stück auf diesem Weg gegangen und bin erfüllt davon. Nach etwas suche ich, das Leben, noch. Nach einem verlässlichen inneren Wegweiser. Wie kann ich, das Leben erkennen, was für mich funktioniert? Oder anders beschrieben, wie erkenne ich an Weggabelungen den für mich passenden Weg? Wie komme ich zu diesem Punkt von „Ich bin sicher, das stimmt für mich?" Ich, das Leben, frage die Elfe: „Du, Elfe, ich, das Leben, suche nach etwa Speziellem, ich weiß nicht genau, wie ich das beschreiben soll. Es ist das Wissen, die für mich passenden Momente und Pausen zu wählen. Gibt es etwas, was ich, das Leben, machen kann? Etwas, was mir, dem Leben, hilft, das zu tun, was mir guttut?" Die Elfe hat eine Idee. Ich, das Leben, habe gelernt, der Elfe zuzuhören und zu vertrauen. „Ich, die Elfe, habe eine Lösung. Den passenden eigenen Weg finden, die dazu stimmigen Momente für den Alltag wählen, das ist: die eigenen Wünsche erkennen. Und wie geht das? Wichtig dazu ist ein achtsamer Umgang mit dir, Leben, selbst. Frage dich, Leben, ob das, was du im Alltag erlebst, dich auch glücklich macht. Welches sind die Momente im Alltag, die dich, Leben, sehr glücklich machen? Du, Leben, kannst mit diesen Fragen den für dich passenden Weg einfach und klar erkennen. Achte dabei gut darauf, ehrlich mit dir selbst zu sein. Die Antwort kann dich, Leben, auch überraschen, oder du findest sie aus irgendeinem Grund komisch. Das kann gut sein." Ich, das Leben, probiere das aus, das ist klar. Gut hilft mir die Elfe dabei.

Die Elfe ist sich sicher, das Leben sucht die Selbstliebe. Selbstliebe heißt, wahrnehmen und annehmen, was die eigenen Wünsche, Ziele und Ideen sind. Im Alltag danach zu leben gehört dazu. Den Weg der Selbstliebe zu gehen, selbst wenn dieser einmal steil oder holprig ist, ist für die Elfe wichtig. Selbstliebe ist der goldene Schlüssel zu Glück und Freude ganz allgemein.

MOMENTE DURCH PAUSEN

Pausen gibt es unterschiedliche, sie sind von langer und auch kurzer Dauer, einige können spontan entstehen, und andere brauchen eine Vorbereitung, eine Planung und klare Ziele. Die Elfe fragt mich, das Leben: „Kennst du, Leben, deine Ziele für Momente, für Pausen? Was möchtest du, Leben, erleben?“ Eines bin ich, das Leben, mir sicher, ich möchte verschiedene Reisen erleben. Das sind Reisen an besondere Orte, in die Natur, in unbekannte Länder und mehr. Reisen sind ganz besondere Momente. Sie sind lehrreich, wertvoll, sie sind gefüllt mit Erlebnissen und Eindrücken, Gefühle zeigen sich in einer unbekannten Art und Weise, sie bereichern den gewohnten Alltag und tun gut. Welche Pausen ich, das Leben, mir zusätzlich zu den Reisen wünsche, weiß ich noch nicht. Ich, das Leben, freue mich auf die Pausen.

Ein Ausflug an einen See

Einen Ausflug an einen See, das hat sich die Elfe ausgedacht. Und gleich gehts los mit der Reise an den See. Ich, das Leben, bin unsicher, was soll ich mit auf diese kleine Reise nehmen? Viel? Wenig? Was ist wichtig? Was brauche ich nicht? Die Elfe hat ein paar Ideen. Sie wird mich, das Leben, zum Staunen bringen. Erst ist Geduld gefragt, die Elfe schweigt. Soll ich, das Leben, sie fragen? Wie kann ich fragen, wenn ich diese Pausen nicht kenne? Etwas raten? Oder einfach warten, bis meine gute Elfe von sich aus etwas sagt.

Die Elfe merkt, dass ich, das Leben, ungeduldig und schon ein wenig kribblig bin. Sie lächelt liebevoll und sagt: „Lass dich von deiner Wahrnehmung leiten. Was sind deine Eindrücke? Wie kannst du, Leben, mit dem Nichts umgehen?“ Das Nichts zeigt sich in lustigen Formen. Mir, dem Leben, ist es plötzlich langweilig, ich fühle mich müde. Ich, das Leben, möchte davonrennen, ich wünsche mir plötzlich meinen alten Plan zurück.

Am See begegne ich, das Leben, vielen unbekannten Eindrücken, Stimmungen, und verschiedenste Gefühle zeigen sich. Ich, das Leben, bin anfangs etwas unsicher und aufgeregt. Was gibt es alles für mich, das Leben, an diesem See zu entdecken? Ich, das Leben, weiß es noch nicht.

Die Enten plaudern und schnattern vor sich hin, als gehöre ihnen der ganze See, mit allen Tieren, Pflanzen und Besucher(innen). Die Fische hören ihnen geduldig zu, die Zeit steht still. Ich, das Leben, sitze da und schaue zu. Kann ich, das Leben, auch geduldig zuhören? Ohne etwas mitteilen zu wollen? Alles, was da ist, annehmen und achtsam sein?

Eine Libelle zeigt sich. Sie fliegt, als ob sie keine Kraft dazu braucht und in der Luft ausruhen kann, alles ganz leise und unbeschwert. Die Libelle, wie sie rumschwirrt, scheint glücklich und zufrieden zu sein. Ist Glück etwas, was ich, das Leben, in diesen Pausen erfahre? Das Glück, das mir, dem Leben, Wohlbefinden, tiefe Zufriedenheit und Vertrauen schenkt. Die Libelle hat ein starkes Selbstvertrauen, ohne dieses könnte sie nicht in der Luft schweben. Wie ist das mit mir, dem Leben, vertraue ich mir in allem, was ich tue? Vertraue ich mir, dem Leben, selbst? Noch nie habe ich mir diese Fragen gestellt.

Die Wasseroberfläche glitzert von den Sonnenstrahlen, die Pflanzen, Bäume, die Landschaft rund um den See spiegeln sich darin. Ein rundum friedliches Bild, kann ich, das Leben, mich darin auch sehen? Habe ich, das Leben, Platz in diesem friedlichen Bild? Fühle ich mich, das Leben, wohl mit dieser friedlichen Stimmung? Oder fehlt mir, dem Leben, die Hektik? Ich, das Leben, bin da am Rand des Sees und staune über meine Gedanken, über die Fragen, die ich mir stelle. Wenn ich, das Leben, an die Elfe denke, lächle ich. Was würde sie denken, wenn sie mich sieht, mit diesen Fragen? Kann die Elfe mir, dem Leben, helfen, diese Fragen zu beantworten?

Träumend bin ich, das Leben, da. Nur, gut dauert diese Pause ein ganzes Wochenende lang. Ich, das Leben, habe Zeit, mich mit mir zu unterhalten, zu sein, zu plaudern. Die Ruhe an diesem See ist etwas Großes und Wichtiges. Ich, das Leben, nehme diese Ruhe auf wie ein ausgetrockneter Schwamm Wasser aufnimmt. Bringt mich die Ruhe an diesem See zur Ruhe in mir, dem Leben, selbst? Was mache ich, das Leben, mit dieser Ruhe nun? Sicher ist, sie tut mir, dem Leben, gut.

Ich, das Leben, nehme ein Bad im See, das kühle Wasser umschmeichelt mich. Ich schwimme mit den fröhlichen Wellen und lasse mich vom Wasser tragen, ich vergesse die Zeit und fühle mich wohl im Wasser. Das Gefühl, getragen zu werden, berührt mich, das Leben. Kenne ich, das Leben, das in meinem Alltag? Möchte ich, das Leben, mehr davon? Ja – da bin ich mir sicher.

Wo ist meine Freundin, die Elfe? Sie sitzt am Seeufer, schaut mir, dem Leben, zu, und wartet, bis ich wieder aus dem Wasser steige.

Nach dem Bad sitze ich, das Leben, unter einem alten Baum. Ich lege mich hin und ruhe mich aus. Die Elfe ist neben mir, dem Leben, und summt eine fröhliche Melodie. Sie wirkt auf mich, das Leben, beruhigend. Die Elfe fragt mich: „Wie geht es dir, Leben, nach diesem Bad im See?“ Ja wie geht es mir, dem Leben, nach diesem Bad im See? Ich fühle, wie ich ruhiger geworden bin. Meine Gedanken sind langsamer, freundlicher zu mir. In mir kommt Freude auf, ich spüre ein angenehmes Kribbeln. Was es genau ist, was ich, das Leben, spüre, weiß ich nicht. Sicher ist, es tut mir, dem Leben, gut, und ich fühle mich wohl. Die Elfe hat das gut gemacht, mich, das Leben, an diesen See einzuladen, mich diesen Moment erleben zu lassen. Ich, das Leben, freue mich auf weitere Pausen.

Pausen der Ruhe

Ich, das Leben, habe gelernt, die Ruhe zu lieben. Es ist für mich wie das Sammeln von bunten Schmetterlingen, das Eintauchen in Momente der Ruhe. Ich, das Leben, sammle im Alltag Momente der Ruhe. Diese Momente der Ruhe sind voller Überraschungen. Für mich, das Leben, sind sie heilsam. Wo im Alltag gibt es Platz für Momente der Ruhe? Wie können Momente der Ruhe erträglich sein? Ich, das Leben, kann das nicht gut erklären. Ich bin mir sicher, es tut mir einfach gut. Ich, das Leben, frage die Elfe: „Elfe, ich, das Leben, weiß, die Ruhe tut mir gut, das habe ich schon so oft erfahren. Kannst du mir helfen, dies zu erklären?" Die Elfe nimmt sich Zeit, sie sucht nach treffenden Worten. „Ich, die Elfe, liebe die Ruhe so wie du, Leben, auch. Von Momenten der Ruhe habe ich viel gelernt. Für mich bedeuten Momente der Ruhe direkte und sehr persönliche Begegnungen mit mir selbst. In diesen Momenten höre ich meinen Atem und mein Herz schlagen. Die Gedanken sind auch ganz ruhig, und ich bin einfach da. Ich fühle mich frei. Ich bin im Sein. Was war, ist nicht präsent, und was in naher und ferner Zukunft sein wird, ist in diesem Moment nicht existent, es ist nichts da." Ich, das Leben, bin beeindruckt von der Erklärung der Elfe. Ich stimme der Elfe zu. Ich, das Leben, empfinde die Ruhe am Morgen und am Abend oder in der Nacht als ganz besonders intensiv. Wenn mir, dem Leben, das Sammeln der ruhigen Momente gelingt, fühle ich mich glücklich und freue mich sehr darüber. Wie machst du das, sammelst du auch ruhige Momente?

Wanderung zu einem Aussichtspunkt

Ich, das Leben, mag es, zu einem Aussichtspunkt zu wandern. Das ist für mich, das Leben, eine willkommene und einfache Pause. Zu Fuß unterwegs zu sein ist eine Art von Pause. Zu Fuß zu gehen bedeutet für mich, das Leben, Zeit zu haben, die Umgebung zu betrachten, die Häuser, die Gärten, die Bäume, die Pflanzen und Tiere zu sehen und zu bestaunen. Mir, dem Leben, gefallen die Begegnungen unterwegs, mit verschiedensten Personen. Meist dauern diese Begegnungen nur wenige Sekunden, oder ein Teil davon, sie sind besonders. Ein fröhlicher Blick und ein ehrliches Lachen, das ist ansteckend. Manchmal dauern diese Begegnungen ein paar Minuten, und ein freundliches Gespräch entsteht. Die Themen dieser Gespräche sind verschieden, manchmal erzählen diese Personen Geschichten vom Weg, von der Gegend und Geschichten von sich selbst. Diese Geschichten entlang des Weges sind für mich, das Leben, sehr spannend und bereichernd. Manchmal erzählen mir die Menschen von früheren Abenteuern, welche sie auf der ganzen Welt erlebt haben. Sie zeigen Sammelstücke, welche sie seit vielen Jahren hingebungsvoll sammeln, ihre Gärten und mehr. Ich, das Leben, freue mich sehr darüber, wenn es mir, dem Leben, gelingt, den Menschen eine Freude zu bereiten. „Das gefällt mir auch“, sagt die Elfe zwischendurch. „Ich, die Elfe, finde es großartig, wenn Menschen lachen.“

Für mich, das Leben, sind die Aussichtpunkte eine klare Einladung, um eine kurze Zeit dort zu verweilen. Was macht es mit mir, dem Leben, diesen Ausblick zu erleben?

Dieser weite Blick ist eine Einladung und eine Chance, eingefahrene Situationen auf eine neue Art zu sehen. Es ist der Blick auf offene Türen, auch unbekannte und überraschende Türen. Mir, dem Leben, ist es sehr wichtig, eine gewisse Zeit auf dem Aussichtspunkt zu verweilen, den Augenblick zu genießen und ziellos in die Welt, in die Natur zu schauen. Das ermöglicht mir, dem Leben, diese offenen Türen auch zu sehen. Das tut mir, dem Leben, gut. Die Elfe meldet sich. Sie sagt: „Auf einem Aussichtspunkt fühle ich mich den Engeln näher, es fühlt sich so an, als ob ich, die Elfe, an diesen Orten die Engel umarmen kann. Das sind für mich, die Elfe, wunderbare Begegnungen und Momente.“

Ich, das Leben, bin sicher, die Elfe begleitet mich oft zu Aussichtspunkten. Die Begegnungen mit den Engeln sind für die Elfe bestimmt sehr wichtig. Für mich, das Leben, ist das komisch, ich verstehe nicht, was die Elfe damit meint. Gut. Und ich, das Leben, habe gelernt, der Elfe aufmerksam zuzuhören und zu vertrauen. Ich, das Leben, bin mir sicher, was die Elfe erzählt, ist liebevoll und tut mir, dem Leben, einfach gut.

Ich, das Leben, sitze oft für längere Zeit oben auf einem Hügel, auf einem Aussichtspunkt. Da fühle ich mich gut, fühle mich frei. Frei von allen Wünschen an mich, frei zu tun, was mir gefällt.

Ein Bild malen

Wann hast du dein letztes Bild gemalt? Mit richtig viel Farbe. War das in der Schule? Die Elfe hat mir, dem Leben, geraten wieder einmal ein Bild zu malen. Keines mit Formen, Figuren oder Landschaften. Sondern mit viel Farbe auf einem großen Stück Papier darstellen, was für mich in genau dem Moment richtig ist. Die Elfe meint, mit den Farben soll ich, das Leben, darstellen, was ich genau jetzt darstellen mag. Meine Gefühle, mein Empfinden, einen Wunsch, mein Lieblingstier, mein Traumhaus oder etwas anderes, was mir, dem Leben wichtig ist. Das sind spannende und ungewohnte Vorschläge. Ich, das Leben, habe schon sehr lange kein Bild mehr gemalt. Mit Farbe, Pinsel und Papier bin ich nicht vertraut. Und was soll ich, das Leben, auf diesem großen, leeren Stück Papier darstellen? Ich, das Leben, nehme mir Zeit, setze mich vor das leere Blatt Papier, nehme einen Pinsel in die Hand und betrachte die Farben. Mit welcher Farbe soll ich anfangen? Wo ist auf dem Blatt der Platz für diese Farbe? Wird es ein Strich, eine eckige Fläche, ein Kreis oder etwas ohne klare Form? Ich, das Leben, weiß es nicht, ich warte. Mir, dem Leben, wird klar, ich beginne mit Grün, einem satten Grün, und als Erstes zeichne ich einen Kreis, nicht so schön rund, wie er sein könnte, eine schöne grüne Fläche. Ich, das Leben, lasse mich weiter von der Stimmung und den Farben lenken. Es läuft immer einfacher, entspannter, und ein buntes Bild entsteht. Ich, das Leben, betrachte dieses Bild, ich weiß nicht, was es darstellt. Ist es eine bunte Wolke am Morgenhimmel, ein wildes Blütenblatt, oder ist es ein Bild meiner Gefühle? Ich, das Leben, weiß es nicht. Was macht es mit mir, dem Leben, wenn ich das Bild anschaue? Ich, das Leben, freue mich über dieses Bild, über diesen Moment des Malens, und ich bin froh darüber, dieses Bild gemalt zu haben. Es zeigt, was ich, das Leben, alles schaffen kann, was ich noch nie oder lange nicht mehr gemacht habe. Diese Erfahrung berührt mich, das Leben. Wie toll ist das, einfach Dinge zu tun, Zeit damit zu verbringen und Freude zu empfinden. Die Elfe jubelt mir, dem Leben, zu. Sie sagt: „Leben, betrachte dein Bild, als ob es eine

Kinderzeichnung ist, dann gefällt es dir, und du findest nur lobende Worte für das gemalte Bild."

Ein Konzert besuchen

Ein Konzert besuchen, in die Musik, Töne und Klänge eintauchen, das ist etwas Besonderes. Für eine bestimmte Zeit die ganze Aufmerksamkeit auf das Konzert lenken. Und sich dabei in die Welt der Töne tragen lassen. In eine Welt der Freude und des Glücks. Kennst du diesen Moment? Wie fühlst du dich auf einem Konzert? Ich, das Leben, besuche gerne Konzerte und lasse mich von den Tönen tragen. Was ist mir, dem Leben, an der Musik wichtig? Was ist das? Für mich, das Leben, ist nicht entscheidend, wie berühmt der Musiker oder die Musikerin ist, welcher Musikstil gespielt wird, wo das Konzert stattfindet, wer im Publikum sitzt. Was mir, dem Leben, wichtig ist, sind die Emotionen, die in einem Konzert entstehen. Auch das Mitfiebern und Mitsingen des Publikums fasziniert mich, das Leben. Der kraftvolle Applaus nach einem Musikstück schenkt mir, dem Leben, enorme Kraft, es ist dieses Gefühl von *Mein ganzes Wesen schwingt in der Freude.* Es fehlen mir, dem Leben, die Worte, um dieses Gefühl treffend zu beschreiben, es ist schlicht wundervoll.

„Ich, die Elfe, suche auch nach Worten, um dieses Gefühl bei Konzerten und diese besondere Kraft der Musik zu beschreiben. Ich bin mir sicher, es ist etwas Großes und tut gut. Für das Leben ist der Besuch von Konzerten besonders wichtig. Was ist es, was das Leben an Konzerten liebt?" Das Leben freut sich über die Worte der Elfe, sie hat dem Leben den Besuch von Konzerten ans Herz gelegt. Ich, das Leben, fühle mich auf Konzerten, getragen von den Klängen und Tönen, verbunden mit mir selbst. Das, so finde ich, das Leben, ist etwas sehr Wichtiges, es schenkt mir diese spezielle Freude, und ich bin im Hier und Jetzt daheim. Das bedeutet für mich, das Leben, ich denke nicht, was war, was sein könnte, sondern bin im Moment mittendrin. Das ist für mich, das Leben, ein Gefühl der

Freiheit. Diese Freiheit, mich mit nichts zu beschäftigen, sondern im Moment zu sein.

Welches Konzert wirst du als Nächstes besuchen?

Aufenthalt in der Natur

Mit allen Sinnen die Natur erleben, davon spricht die Elfe gerne und oft. Sie findet das großartig und preist mir, dem Leben, die Qualitäten von Aufenthalten in der Natur detailliert, mit großer Begeisterung und von Herzen an. Die Elfe schwärmt vom Aufenthalt in der Natur. „In der Natur gibt es so vieles zu entdecken. Du, Leben, kannst Tiere beobachten, Farben bestaunen und Muster erkennen. Du kannst den Wind pfeifen hören, dem Plätschern von Bächen lauschen, die fröhlichen Stimmen der Vögel hören und in die Ruhe eintauchen. Du, Leben, kannst die Erde riechen, und der süße Duft einer Blüte lässt dich träumen. In der Natur gibt es leckere Beeren zum Probieren wie Walderdbeeren, Himbeeren, Heidelbeeren. Von der Sonne gewärmt schmecken sie wunderbar. Du kannst die Sonne auf deinem Körper spüren, du fühlst die Frische des Windes. Barfuß durch den Wald zu gehen ist ganz besonders. Da nimmst du die Erde mit allen Eigenschaften wahr, die Temperatur, die Oberflächenbeschaffenheit, das sanfte Moos, die Feuchtigkeit, Unebenheiten und mehr. Ich, die Elfe, liebe das Barfußgehen, das verbindet mich mit der Natur. Wenn es mir, der Elfe, nicht so gut geht oder mich etwas plagt, löst sich das in der Natur. Ich habe schon viel erlebt, wie es mir, der Elfe, nach einer Zeit in der Natur gut geht, wie ich mich richtig wohlfühle. Wenn ich angespannt bin, gehe ich am liebsten in den Wald, setze mich eine Zeit lang auf den Waldboden, und ich bin sicher, danach fühle ich mich entspannter, fröhlicher, einfach besser. Für mich, die Elfe, ist die Natur wie die beste Freundin, und sie schenkt mir eine Menge guter Gefühle. Es ist, als ob sie zu mir schaut." Ich, das Leben, genieße die „Schwärmerei" der Elfe, ich höre mir gerne ihre Erzählungen über die Natur und die Wahrnehmungen an. Das fasziniert mich, das Leben, sehr, und ich kann mir gut vorstellen, wie das ist. Ich wünsche mir, dem Leben, dies alles zu erfahren, anfangs lieber bei Sonne und angenehmen Temperaturen. Später auch, wenn es dunkel ist, im Regen, bei Nebel, wenn es kalt ist und der Wind bläst. Was werde ich, das Leben, als Erstes tun? Wie kann ich, das Leben, dies in den Alltag integrieren? Am einfachsten ist es, täglich Zeit einzuplanen. Mittags für eine Viertelstunde in den Park zu gehen, ist eine erste Idee. Ich, das Leben, bin mir sicher, es wird mir gut gelingen, mehr Zeit in der Natur zu verbringen. Die „Schwärmerei" der Elfe wird mich dabei begleiten.

Schöne Momente sammeln

Was sind schöne Momente? Das sind Momente, die ich, das Leben, gerne mag. Momente, die mir, dem Leben, guttun. Wie machst du das mit den schönen Momenten? Ich, das Leben, nutze ein kleines Notizbuch, notiere die erlebten schönen Momente, damit sie in Erinnerung bleiben und mir bewusst sind. Es sind kleine und große Momente, solche, die wenig Zeit brauchen, und solche, die länger dauern. Das Notizbuch liegt auf meinem Schreibtisch und erinnert mich an die schönen Momente. Darin sind ganz unterschiedliche Momente, wie ein Murmeltier beobachtet, in der Sonne gesessen, im See gebadet, eine Freundin umarmt, ein liebevolles Gespräch geführt, den Sternenhimmel bestaunt, mit der Familie einen Ausflug in den Zoo gemacht, die Wohnung neu eingerichtet, im Garten ein neues Blumenbeet angelegt, einen Brief geschrieben, einen Freund besucht, eine Reise ans Meer unternommen und vieles mehr. Ich, das Leben, lese regelmäßig in diesem Notizbuch. Ich, das Leben, freue mich dabei über die schönen Momente, die ich schon gesammelt habe, und ich, das Leben, freue mich noch mehr über die Momente, die noch kommen werden. Wenn ich, das Leben, in diesem Notizbuch lese, fühle ich mich glücklich und frei. Richtig schöne Momente erlebe ich, das Leben, mit der Elfe.

Ein Buch lesen

Eine liebevolle Geschichte, eine Erzählung einer Reise zu Fuß, mit dem Velo, dem ausgebauten Bus, mit dem Zug oder auf eine andere Art. Ich, das Leben, schaue mir die verschiedenen Angebote an. Es soll eine Geschichte sein, die mich beim Lesen mit Glück und Freude erfüllt. Wie kann ich, das Leben, das für mich passende Buch finden? Was ich, das Leben, mir wünsche, ist, mit dem Buch in eine mir unbekannte Geschichte eintauchen, so tief als ob diese Geschichte für mich, das Leben, real stattfindet. Doch fehlt mir, dem Leben, das Buch dazu. Ich schaue auf die Angebote, was spricht mich an? Sind es der Titel, die Bilder oder Figuren auf der Frontseite? Sind es die Farben? Kenne ich, das Leben, bereits einen Schriftsteller oder eine Schriftstellerin, die mich mit ihren Geschichten faszinieren? Ich, das Leben, lasse mein Herz entscheiden und wähle das Buch mit einem bunten Umschlag, einem kurzen klaren Titel und, so steht es im Klappentext beschrieben, einer fröhlichen Geschichte über Freundschaften. Ich wähle das Buch, das mich spontan anspricht.

Mit diesem Buch, da bin ich, das Leben, mir sicher, werde ich, das Leben, eintauchen in eine faszinierende Geschichte. Beim Lesen werde ich, das Leben, die Zeit vergessen, was mich beschäftigt, verschwindet im Hintergrund. Die Elfe liest viele Bücher, sie meint: „Ich, die Elfe, bin fasziniert von den Geschichten in den Büchern. Was ich am liebsten mag sind Erlebnisse, wahre Geschichten, auch vom Alltag in mir fremden Kulturen. Bücher, die vom prallen Leben erzählen, von Menschen, die mit der Natur zusammenleben, Menschen, die ihr eigenes Glück gefunden haben, das fasziniert mich und bringt mir Freude." Das gefällt mir, dem Leben, auch. Die Geschichten in meinem Buch erzählen vom Alltag einer Familie, die weit oben in den Bergen mit ihren Yaks ein einfaches und anstrengendes Leben führen. Sie wandern mit den Yaks mehrere Tage zur Sommerweide, leben dort für mehrere Wochen in einer einfachen Hütte und sorgen dafür, dass es ihren Yaks gut geht. Sie sind mitten in der Natur, den warmen Sonnenstrahlen am Tag, der Stille und der Kälte in der Nacht, sie sind dem Sternenhimmel so nah und fühlen sich dort oben in den Bergen aufgehoben. Ich, das Leben, bin so fasziniert von diesen Geschichten, ich wünsche mit ganzem Herzen dort oben in den Bergen mit dabei zu sein, einzutauchen in die Wahrheit der Natur. Diese Geschichten berühren mich, das Leben, tief, und es bereichert mich. Ich, das Leben, bin so froh über diese fantastischen Momente, die hektische Zeit mit dem übervollen Alltag habe ich, das Leben, längst vergessen. Ich, das Leben, fühle mich frei.

Eine Reise an einen unbekannten Ort

Ich, das Leben, träume gerne und oft vom Reisen. Ich stelle mir vor, wie die Welt an einem anderen Ort, in einer anderen Kultur sein könnte. Wie gestaltet sich dort der Alltag? Was gibt es Spezielles? Ist es städtisch? Wie ist die Natur? Liegt der Ort am Meer? Gibt es ruhige Orte, oder ist es laut und hektisch? Was bewegt die Menschen an diesem Ort? Gibt es unbekannte Klänge oder Gerüche? Es zieht mich, das Leben, an einen Ort, der anders und gleichzeitig nicht zu fremd ist. Dem Rauschen des Meeres zuhören, den Wellen zuschauen und den Sonnenaufgang bestaunen, das ist schon viel und kommt in meinen Träumen oft vor. Welches Land soll ich, das Leben, wählen? Wie lange soll die Reise dauern? Ich, das Leben, möchte an einen fröhlichen Ort reisen. Wo die Menschen auf den Straßen tanzen, singen, lachen, einander umarmen und sich frei fühlen. Ich, das Leben, wünsche mir, das Meer zu erleben.

Es kann losgehen. Die Elfe kommt mit auf die Reise, sie freut sich. „Du, Leben, das halte ich für eine großartige Sache, jetzt können wir zusammen durch die Welt reisen, meine Freude ist riesig, wie toll ist das denn. Du, Leben, reisen wir doch einfach zusammen ans Meer. Wir werden schöne, angenehme Orte mit fröhlichen Menschen kennenlernen. Ich freue mich auf die Erlebnisse."

An diesem speziellen Ort und an Plätzen am Meer fühle ich, das Leben, mich frei. Es gibt nichts, was ich tun muss, und ich kann selbst entscheiden, wie ich den Tag gestalte. Was ich, das Leben, sehe, höre und wahrnehme, berührt mich. Gut ist die Elfe mit dabei.

Diese Momente bewegen mich. Ich, das Leben, bin erstaunt über die Fülle der Erlebnisse, überrascht über die Vielfalt und bereichert vom Unbekannten.

Diese Pause ist reich an Erlebnissen. An einem Platz mit Steinhäusern, geschmückt mit Pflanzen und bunten, lieblichen Figuren, begegne ich, das Leben, lachenden und plaudernden Menschen. Sie sitzen in einer Runde um einen Platz mit großen, alten Bäumen. Die lustig plaudernden Stimmen und das Lachen berühren mich, das Leben. Mein Herz füllt sich mit Freude. Ich, das Leben, mag diese fröhlichen Menschen. Sie treffen sich, ohne eine Zeit und einen Ort zu vereinbaren. Sie reden miteinander, auch wenn sie sich vorher nicht gekannt haben. Sie unterhalten sich, lachen über Alltägliches und gestikulieren. Sie gehören zusammen, wie Freunde aus alten Zeiten. Sie erzählen sich Geschichten und hören einander aufmerksam zu. Ich, das Leben, bin beeindruckt, ich fühle mich an diesem Ort mit diesen fröhlichen Menschen vertraut. Wie ist das nur möglich? Ich, das Leben, fühle mich an diesem fremden Ort vertraut, das berührt mich. Hier fühle ich, das Leben, mich willkommen. Die Menschen an diesem Ort begrüßen sich achtsam. Sie schauen sich an, berühren mit der rechten Hand das Herz, nicken und lächeln sich zu. Sie verneigen sich gegenseitig ein klein wenig und zeigen damit, wie respektvoll sie miteinander umgehen. Ich, das Leben, finde das großartig.

Das Meer rauscht vor sich hin. Die Wellen klatschen an die Hafenmauer. Dieser Rhythmus, dieses Geräusch wirkt auf mich, das Leben, beruhigend. Erinnert es mich, das Leben, an ein mir bekanntes Geräusch? Wie auch immer, ich, das Leben fühle mich hier wohl, gut aufgehoben. Spontan denke ich, das Leben: „Das sind bestimmt die Töne der Natur, welche mir so nahe sind.“

Der Blick über das Meer zum Horizont, mit Sicht zu Meer und Himmel, lässt mich, das Leben, noch ruhiger werden. Die Zeit verliert ihre Hektik. Dieser Blick lässt mich, das Leben, eintauchen in das schlichte Sein, ich vergesse die Zeit und träume vor mich hin. Die verschiedenen Farben von Meer, Horizont und Himmel verschmelzen ineinander. Ist es blau, grau, weiß?

Ich, das Leben, fühle mich an diesem Ort frei, frei von Ansprüchen an mich, frei mit meinen eigenen Gedanken, einfach frei zu sein.

Der Elfe gefällt es an diesem Ort besonders gut. Sie fragt das Leben: „Du, Leben, wie ist das nun für dich, hier an diesem unbekannten Ort zu sein?" Ich, das Leben, brauche etwas Zeit, um passende Worte und Sätze zu finden. Wie kann ich, das Leben, meine Gefühle und meine Beobachtungen beschreiben? Sicher ist, ich fühle mich gut aufgehoben an diesem Ort. Ist es das, was ich, das Leben, als Erfüllung empfinde? Es ist für mich, das Leben, als ob neue Stimmungen und Gefühle entstehen. Es ist das Gefühl, an einem unbekannten Ort daheim zu sein?

Die Schönheit und Sanftheit des Sonnenaufgangs bereiten mir, dem Leben, den nächsten glücklichen Moment. Es ist wundervoll zu beobachten, wie es hell wird, wie die Farben bunter werden, wie der Ort sanft geweckt wird und der Tag beginnt. Ein einzigartiger Moment des Aufwachens.

Was möchte ich, das Leben, an diesem Tag erleben? Wem werde ich, das Leben, begegnen? Was wünsche ich mir von diesem Tag? Der Sonnenaufgang ist ein einzigartiger Moment der Ruhe. Ich, das Leben, tauche ein in diesen Sonnenaufgang. Ich, das Leben, erwarte nichts von mir und diesem Tag. Ich, das Leben, empfinde zeitlose Ruhe. Ich, das Leben, liebe es, hier zu sein.

Den Alltag tauschen

Wie ist das: für eine bestimmte Zeit etwas anderes tun? Das ist beispielswese, mit jemandem den Alltag tauschen. Ich, das Leben, halte das für eine gute Idee, um eine Zeit lang in den Schuhen von jemand anderem zu gehen. Das heißt einen unbekannten Alltag erleben können. Ich, das Leben, weiß nur noch nicht, mit wem ich den Alltag einmal tauschen möchte. Mit einer Freundin vielleicht. Möchte ich für einen Tag in einem Laden die Kund(innen) beraten, möchte ich in einer Bibliothek Bücher empfehlen, möchte ich an einer Hotelrezeption die Gäste empfangen? Oder noch etwas anderes? Vielleicht einmal in einer Gärtnerei arbeiten, in einer Schreinerei etwas mit Holz zusammenbauen, in einer Töpferei Gefäße aus Ton erstellen oder in einem Café arbeiten und mit den Gästen plaudern.

Ich, das Leben, entscheide mich für den Alltag in einer Gärtnerei. Ein Bekannter von mir arbeitet dort, und ich, das Leben, frage ihn, ob er mit mir den Alltag tauschen möchte. Wenn er nicht tauschen möchte, frage ich, ob ich einen Tag bei ihm in der Gärtnerei verbringen kann. Gerne möchte ich, das Leben, wissen, wie es ist, Gemüse anzupflanzen. Ich wähle eine Gärtnerei, die das Gemüse natürlich anbaut, ein Teil auf den Feldern und ein Teil in Gewächshäusern. Das alles ist für mich, das Leben, neu, und ich habe keine Ahnung, wie aufwendig es ist, Gemüse anzubauen, vom Säen, Pflanzen der Setzlinge bis zur Ernte. Ich, das Leben, denke, das findet die Elfe auch spannend.

Der Tag geht morgens früh los. Als Erstes wird besprochen, was an diesem Tag in der Gärtnerei alles zu tun ist. Ich, das Leben, bin am Vormittag bei der Karottenernte eingeteilt, das ist streng. Ich, das Leben, bin überrascht über die verschiedenen Größen und Formen. In dieser Gärtnerei werden die Karotten nicht gewaschen, so bleiben sie länger frisch. Am Nachmittag helfe ich, Randensetzlinge im Feld zu setzen und den Boden für eine neue Bepflanzung vorzubereiten. Ich, das Leben, höre den Mitarbeitenden der Gärtnerei zu, wie sie einander erzählen, was sie über den Anbau von Gemüse wissen. Mir, dem Leben, gefällt das sehr, den Alltag von einer anderen Person kennenzulernen und dazu noch viel über den Anbau von Gemüse zu lernen. Das schafft Verständnis. Mir, dem Leben, gefällt das.

Hast du schon mal deinen Alltag mit jemandem getauscht?

Zeit an einem anderen Ort verbringen

Zeit an einem anderen Ort verbringen, für ein paar Tage, Wochen oder Monate, das ist eine besondere Pause. Sie gibt Einblicke in einen unbekannten Alltag. Wie ist es, Zeit an einem anderen Ort zu verbringen? Ich, das Leben, finde das sehr spannend, ich entdecke gerne Neues und mir bis anhin Unbekanntes. Das Angebot an vielen Möglichkeiten motiviert mich, das zu tun. Am Anfang dieser Pausen steht ein Wunsch, Neues zu entdecken. Ich, das Leben, brauche nicht lange zu überlegen, welchen Ort ich kennenlernen möchte, ich weiß es einfach. Wie erkenne ich, das Leben, ob der Wunsch für mich gut ist, wann es Zeit ist, dort hinzugehen, und wie lange ich bleiben soll? Ich, das Leben, kann das gut erkennen, das ist, wenn keine Zweifel da sind, sich kein „aber …" bemerkbar macht. Das klar zu erkennen ist wichtig. Ich, das Leben, habe das dank der liebevollen Unterstützung der Elfe gelernt. Ich kann nun gut erkennen, was für mich, das Leben, wichtig ist.

„Ja für dich, Leben, ist das einfach, du kannst gut auf deine innere Stimme hören und dich darauf verlassen", sagt die Elfe dazu. „Ich, die Elfe, kenne das auch, und ich kenne eine weitere Möglichkeit. Wenn ich, die Elfe, bei Entscheidungen sicher sein will, frage ich mein Herz. Das funktioniert für mich einfach, ich stelle mir mein Herz vor und frage es. Ich frage: ‚Ist dieser Ort für eine Pause jetzt gut für mich?' Ich höre zu und nehme wahr, was ist. Die Antwort nehme ich an, und ich weiß, es ist gut so. Das Leben wird lernen auf sein Herz zu hören, dessen bin ich mir sicher."

Ich, Leben, weiß, ich werde zwei Wochen in einer kleinen Stadt mit meist viel Sonne verbringen. Für diese zwei Wochen habe ich keine Pläne. Einzig eine gute Wohnung an einem ruhigen Ort habe ich mir ausgesucht. Von dieser Wohnung aus kann ich, das Leben, vieles unternehmen, die Piazza besuchen, die Straßen auf und ab gehen, mich in einem Park aufhalten, durch den Markt schlendern, ein bekanntes Gebäude besuchen, in einer Bar einkehren, einen Kaffee trinken und mich mit den Leuten unterhalten, oder einfach in der Wohnung bleiben und ein Buch lesen. Ich, das Leben, freue mich sehr auf diese Pause. Schade nur, dass ich das nicht schon öfters gemacht habe. Leider.

Zeit an einem anderen Ort zu verbringen ist für mich, das Leben, etwas Großes und Besonderes. Am Morgen erst entscheiden, was ich am Tag unternehme. Dinge tun, die bescheiden klingen. Zum Beispiel auf der Piazza so lange verweilen, wie es in diesem Moment passend ist, auch zwischendurch nichts tun und nichts aktiv denken, das ist für mich, das Leben, genial. Ich, das Leben, genieße diese Momente, diese sind bereichernd, berühren mich, mein Herz und meine Seele freuen sich. Das ist für mich, das Leben, Glück und Freude pur. Ich, das Leben, bin in Frieden mit mir selbst.

Welche Erfahrungen hast du mit *Zeit an einem anderen Ort verbringen?*

Tagebuch der Dankbarkeit

Die Elfe meint: „Dankbarkeit ist Wertschätzung für alles, für Freunde, Emotionen, Erlebnisse, Dinge und mehr. Dankbar zu sein für den angenehmen Wohnraum, vertraute Freunde, Zeit zu haben für alle diese Momente und Pausen, für schöne Gespräche, das macht glücklich. Ich, die Elfe, weiß, dankbar sein ist einer der vielen Teile des Wohlbefindens. Für mich habe ich gelernt, wenn ich dankbar bin, fühle ich mich auch wohl.“ Für mich, das Leben, ist das neu. Wofür bin ich dankbar? Ich, das Leben, weiß es nicht so genau. Sicher bin ich dankbar für alle diese vielen Tipps und Ideen der Elfe, für ihr liebevolles Wesen. Was gibt es noch, wofür ich, das Leben, dankbar bin? Ja, bestimmt, ich, das Leben, bin sehr dankbar für die Zeit, die ich für die Pausen habe, denn diese Pausen, die machen mich, das Leben, glücklich. Ich, das Leben, bin interessiert daran, zu erkennen, wofür ich dankbar bin. Sind es die materiellen Dinge, die angenehmen Gefühle, freundschaftliche Begegnungen, Freundschaften? Oder etwa anderes? Ich, das Leben, frage die Elfe, welche Idee sie hat. „Elfe, ich bin sicher, ich kann für so vieles dankbar sein. Es fehlt mir, dem Leben, eine Möglichkeit, wie ich das am einfachsten erkennen kann. Ich wünsche mir etwas, was all das zeigt, wofür ich dankbar bin. Elfe, ich wünsche mir etwas Einfaches und Praktisches. Etwas, was sich gut in meinen Alltag einbauen lässt." Die Elfe hat eine Idee, das ist klar, eine simple. „Du, Leben, da gibt es etwas Einfaches. Das ist auch etwas Wunderbares für mich, die Elfe. Du kannst ein Tagebuch der Dankbarkeit führen und täglich schreiben, wofür du dankbar bist. Es sind kleine und große Dinge, Alltägliches gehört dazu, Emotionen sind wichtig, Erlebnisse, die Momente und mehr. Notiere dir auch Gewohntes wie das Zuhause, vertraute Freunde, die Familie, der Wohnort, Bücher zu lesen, gutes Essen und sauberes Wasser zu haben, gesund zu sein und vieles mehr." „Ja, das mit dem Tagebuch ist eine schöne Idee, typisch Elfe", denke ich, das Leben, und bin ganz zufrieden. Nun kaufe ich mir ein schönes Buch oder Heft, es kann auch ein einfaches sein. Was noch fehlt, ist ein geeigneter Zeitpunkt, das Tagebuch zu füllen. Ist das einfacher am Morgen, über den Tag verteilt, am Abend oder nach einer Ruhepause auf dem Sofa? Anfangs ist es für mich, das Leben, am einfachsten, das am Abend zu machen.

Das Tagebuch füllt sich mit vielen schönen Gesprächen mit einer Freundin, ein fröhliches Treffen mit Freunden, den Specht im Wald beobachten, an einem ruhigen Ort zu wohnen, mich sicher und geborgen zu fühlen, genügend Geld zu haben, meine Meinung frei mitteilen zu können, für meine Gesundheit, für meine Füße, die mich tragen, für die Fähigkeit, klar zu denken, und so vieles mehr. Ich, das Leben, merke, bei dieser Fülle an Einträgen für die Dankbarkeit, bald wird das erste Heft voll mit Notizen sein. Es macht mich, das Leben, sehr glücklich zu sehen, wie viele Einträge in den ersten beiden Wochen zusammengekommen sind. Das berührt mich, das Leben, sehr.

Wie siehst du das, möchtest du auch ein Dankbarkeits-Tagebuch führen?

Zeit zum Träumen

Sich von Träumen leiten zu lassen, das ist für mich das Leben, eine starke und klare Quelle der Kraft. Ich, das Leben, frage mich: „Was wünsche ich mir? Wonach sehne ich mich? Was erhoffe ich mir?“ Das sind wichtige Fragen. Für mich, das Leben, hat es lange gedauert, bis ich mir diese Fragen gestellt habe. Während der Zeit mit den vielen Terminen, dem durchgeplanten Tag und den übertriebenen Aktivitäten habe ich mir, dem Leben, nie solche Fragen gestellt. In diesem übervollen Alltag war es mir, dem Leben, gar nicht möglich, mich mit diesen Fragen zu beschäftigen, mein Kopf war voll mit materiellen Dingen. Das ist schade. Jetzt nehme ich mir mit Freude Zeit dafür, mich von meinen Träumen leiten zu lassen. Welche Träume habe ich? Für mich, das Leben, gibt es kleine und größere Träume, manchmal sind sie klar und logisch, manchmal fühlen sie sich fremd an, und die Zeit dafür ist noch nicht da. Manchmal erscheinen die Träume als nicht real, oder ich, das Leben, nenne sie so. Manche Träume zeigen sich immer mal wieder. Ich, das Leben, frage mich: „Was ist mein wichtigster Traum, mein größter Wunsch? Was ist für mich, das Leben, wichtig?“ Große Träume sind für mich, das Leben, mit Liebe und Glück verbunden. Mein großer Traum ist es, einige Jahre auf einer Insel im Süden zu verbringen. Ich, das Leben, wünsche mir über das ganze Jahr draußen in der Natur zu sein, am Meer oder im Grünen. Lieber an einem kleinen beschaulichen Ort, mit fröhlichen Menschen, die lachen, plaudern, tanzen und singen. In meinem Traum sehe ich mich, das Leben, wie ich an diesem Ort am Meer bin, wie es mir dabei geht und was es an diesem Ort alles zu entdecken gibt. Ich, das Leben, weiß, diese Bilder leiten mich, sie treiben mich an, bis der Traum wahr wird. Die Kraft, die mich, das Leben, antreibt, ist groß, sehr groß sogar. Ich, das Leben, erschaffe Bilder meines größten Traumes und meiner kleineren Träume. In den Bildern stelle ich mir, das Leben, vor, wie es ist, den Traum eingefangen zu haben, wie der Traum real wird. Und von meiner Elfe habe ich etwas ganz Spezielles für diese Träume gelernt. Was das genau ist, das erzählt die Elfe selbst. „Ich, die Elfe, liebe das Träumen und Träume. Träumen ist für mich eine wohltuende Pause, die Gedanken schweifen ruhig umher, und die Zeit ist bedeutungslos. Das gefällt mir, der Elfe, und tut mir gut. Große Träume habe ich, die Elfe, auch, Träume vom Glück, der Freude und dem friedlichen Alltag. Ich, die Elfe, wünsche mir das von Herzen. Damit ich, die Elfe, mir vorstellen kann, wie es sich anfühlt, im Traum zu sein, den Traum verwirklicht zu haben, stelle ich mir einen kurzen Film mit dem Traum vor. In diesem Film bin ich, die Elfe, mitten im Geschehen drin, ich kann fühlen, wie es ist, ich kann sehen, wie es ist, und ich kann den Film selbst verändern, bis ich, die Elfe, genau meinen Traum gefunden habe. Zum Film gehören auch Stimmen, Worte, Töne, und vielleicht gibt es ein passendes Lied dazu. Ich, die Elfe, liebe diese Filme."

Welche Träume hast du? Was sind deine größten Wünsche?

Singen und Summen

Ich, das Leben, mag auch kurze Pausen. Das sind viele im Alltag. Viele, die mir, dem Leben, einfach guttun. Eine Kaffeepause ist eine solche Pause. Sich Zeit nehmen, den Duft des frischen Kaffees riechen, die warme Tasse in der Hand halten, den ersten Schluck genüsslich trinken und einfach nichts tun außer Kaffee trinken. Kaffeepausen sind bekannte kurze Pausen, und es gibt viele mehr von diesen kurzen Pausen. Ich, das Leben, mag es zu summen, Töne zu singen, Silben aneinanderzureihen, so wie es mir grad einfällt. Dieses Vor-mich-hin-Singen ist verschieden: laut, leise, langsam, schnell, aufgeregt, fröhlich, tröstend, beruhigend, motivierend und mehr. Ich, das Leben, bin fasziniert von der Wirkung dieses Vor-mich-hin-Singens. Es gibt viele Varianten davon. Die Töne und Silben sind so verschieden. Manchmal ist es auch eine bekannte Melodie oder ein Liedtext. Ich, das Leben, plane nicht, welche Töne, welche Melodie mir genau jetzt guttun. Spontan singe und summe ich, was in genau dem Moment passt. Darauf kann ich mich, das Leben, verlassen. Am liebsten mag ich, das Leben, diese Art von Singen, um mich in eine angenehme Stimmung zu bringen, am Abend, um ruhiger zu werden, um die Gedanken zu vergessen, um mich für etwas zu motivieren, um Freude auszudrücken und mehr. Von diesen kleinen Pausen mag ich, das Leben, möglichst viele. Es macht mir, dem Leben, auch gar nichts aus, wenn die Töne nicht korrekt sind. Das braucht es nicht. Mir, dem Leben, gefällt es, wenn die Töne für mein inneres Ohr gut klingen und mir guttun. Die Elfe singt und summt auch gerne vor sich hin. „Ich, die Elfe, liebe es, dieses Singen und Summen. Ich mag es gerne leise, und Texte oder Worte brauche ich dazu nie. Ich singe, was mein Herz und meine Seele sich wünschen. Für mich, die Elfe, sind das Naturgesänge und verbinden mich, die Elfe, mit der Natur und meiner Umgebung. Das macht mich, die Elfe, sehr zufrieden und glücklich. Ich, die Elfe, denke, das ist beim Leben genau gleich."

Wie ist es mit deinem Singen und Summen?

Wege zu Fuß gehen

Kleine und große Pausen bereichern den Alltag. Ich, das Leben, mag Pausen, die keine Vorbereitung brauchen, unterschiedlich lange dauern und einfach in den Alltag einzubauen sind. Etwas, was mir besonders gut gefällt, ist, Wege möglichst zu Fuß zu gehen. Früh am Morgen, über den Tag, gegen Abend und auch in der Nacht. Es gibt viele große und kleine Möglichkeiten, Wege zu Fuß zu gehen. Das habe ich, das Leben, mehr oder weniger einfach gelernt. In meinem Alltag mit den vielen Terminen und der Hektik habe ich, das Leben, alle Wege möglichst rasch hinter mich gebracht oder habe gar darauf verzichtet. Beispielsweise am Mittag habe ich meinen Arbeitsplatz kaum verlassen und mir keine echte Pause gegönnt. Die Elfe hat mir von der Idee, Wege zu Fuß zu gehen, berichtet und mich, das Leben, freundlich und klar ermuntert dies zu tun. Das war für mich, das Leben, anfangs gar nicht so einfach. Und jetzt weiß ich, zu Fuß gehen, das sind wichtige Pausen. Bereits eine kurze Zu-Fuß-geh-Pause tut einfach gut. Ich, das Leben, weiß nicht, wie ich das genau beschreiben kann. Ich frage die Elfe: „Elfe, sag mal, wie ist das mit den Zu-Fuß-geh-Pausen? Du kennst mich, das Leben, und du hast mir schon viele tolle Momente und Pausen vorgestellt und erklärt. Was, liebe Elfe, ist es, was diese Zu-Fuß-geh-Pausen so stark macht?“ Die Elfe denkt nach und antwortet: „Diese Pausen, die tun gut für Körper, Geist und Seele. Mit diesen kann so viel erreicht werden. Der Körper kann sich bewegen und entspannen, viele schöne Dinge sind zu sehen, verschiedenste Geräusche sind zu hören und manchmal auch ein angenehmer Duft zu riechen. Regen, Wind oder Sonne begleiten diese Pausen. Es ist wie wenig tun und viel erleben. Und die besten Ideen fallen mir, der Elfe, meist beim Zu-Fuß-Gehen ein, die allerbesten, wenn ich ziellos durch die Gegend laufe.“ Das sind klare und schöne Wort der Elfe, und ich, das Leben, bin dankbar für die Ideen der Elfe. Mein Alltag mit den Momenten und Pausen ist spannend und reichhaltig. Gerne gehe ich, das Leben, früh am Morgen, ein Stück zu Fuß, wenn alles erwacht und vielleicht die Sonne mit ihren ersten Strahlen mich wärmt. Und wenn ich, das Leben, wählen kann, gehe ich ein Stück durch die Natur. Das macht Freude und bringt Glück.

MOMENTE UND BEGEGNUNGEN

Begegnungen sind für mich, das Leben, Bereicherung und Inspiration. Sie füllen die Stunden, Tage, Wochen, Jahre mit Inhalten. Ich, das Leben, frage mich: „Welche Art von Begegnungen wünsch ich mir, dem Leben? Was sind die Schlüssel einer bereichernden Begegnung? Wie fühlen sich diese Begegnungen an?" All diese Fragen habe ich mir, dem Leben, noch nie gestellt. Sicher ist, ich, das Leben, freue mich auf unterschiedliche Begegnungen. Wie immer diese auch sind.

Die Begegnungen mit der Elfe, sie begleitet mich zu all den verschiedensten Momenten. Diese Begegnungen sind für mich, das Leben, sehr wertvoll. Weshalb sind sie für mich, das Leben, so wertvoll? Ist es das Vertrauen, zwischen der Elfe und mir, dem Leben? Ist es mehr das Gefühl der Verbundenheit? Oder ist es etwas anderes? Sind es ihre wohlgemeinten, achtsamen Tipps, Ideen oder Lösungen? Die Elfe lässt mich, das Leben, immer selbst entscheiden, welche ihrer Tipps, Ideen oder Lösungen ich, das Leben, annehme und welche ich nicht nutze. Die Elfe hat nie Erwartungen an mich, das Leben. Das ist großartig. Ich, das Leben, und die Elfe können ohne viele Worte einander begegnen. Wir beide können Zeit miteinander verbringen, ohne groß zu sprechen, wir verstehen uns im Beisammensein.

Ich, das Leben, freue mich auf die verschiedensten Begegnungen.

Gespräch mit einem alten Freund

Gespräche verbinden zwei oder mehrere Personen für eine bestimmte Zeit miteinander. Es entsteht ein spezielles Band auf Zeit zwischen diesen beiden oder mehreren Personen. Diese Verbindung ist wie ein Regenbogen, welcher zwei oder mehrere Welten miteinander liebevoll verbindet. Es entsteht eine Einheit auf Zeit. Ich, das Leben, mag diese Verbindungen auf Zeit.

Gespräche mit alten Freunden, das sind Personen, die ich, das Leben, schon lange kenne, sind für mich wertvoll und inspirierend. Ich, das Leben, erzähle dir, was daran so speziell ist. Wenn ich, das Leben, einen alten Freund für ein Gespräch treffe, dann entscheide ich mich für einen angenehmen, ruhigen Ort. Das ist ein Café, eine Sitzbank in einem Park oder die Wiese unter einem Baum. Wir wählen das Café. Wir setzen uns in eine gemütliche Ecke. Wir schauen uns an, anfangs tauschen wir aktuelle Eindrücke und Erlebnisse. Was hat uns bewegt? Was haben wir beobachtet? Gibt es Dinge, die anstrengend sind? Wir, ich, das Leben, und mein Freund, stimmen uns aufeinander ein und nehmen voneinander die Stimmung wahr. Kurze Pausen des Schweigens ermöglichen ein entspanntes Gespräch. Ich, das Leben, möchte wissen, wie es meinem Freund geht, was seine Meinungen sind, wie er sein Leben lebt. Die Elfe liebt diese Gespräche, und sie unterstützt mich, wenn das Gespräch den bindenden Faden, den liebevollen Inhalt oder die Freude verloren hat. Die Elfe sagt: „Du, Leben, mit diesem guten alten Freund hast du dich schon eine Weile nicht mehr getroffen. Siehst du, Leben, wie er sich freut, dich zu treffen?" Ja, ich, das Leben, freue mich auch sehr, mich mit diesem alten Freund zu treffen. Wir beide, ich, das Leben, und mein alter Freund, haben viel zusammen erlebt, das ist wunderbar und verbindet uns. Wir, ich, das Leben, und mein Freund, plaudern, lachen laut und leise, mit kleinen Pausen dazwischen. Wir erzählen uns Geschichten, Erlebnisse und hören einander aufmerksam zu. Während mein Freund spricht, ist das für mich, das Leben, als ob ich in seinen Schuhen gehen würde. Und gleichzeitig ist mir, dem Leben, klar, es sind die Geschichten und Erlebnisse meines Freundes. Diese Geschichten und Erlebnisse sind manchmal klein, manchmal groß. Sie erzählen von fröhlichen Ereignissen, von traurigen Erlebnissen, von Herausforderungen und gutem Gelingen. Die Gefühle sind das Wertvolle, welche in Gesprächen mit dem alten Freund entstehen. Die gemeinsame Vergangenheit ist ein stabiler Boden für Vertrauen. Ich, das Leben, fühle mich bei Begegnungen mit einem alten Freund verstanden und angenommen. Die Elfe meint dazu: „Begegnungen in Gesprächen mit einem alten Freund sind liebevolle Verbindungen. Diese Begegnungen sind sehr wertvoll. Mit wenigen Worten und Pausen während den Worten sind sie noch wertvoller. Ich, die Elfe, freue mich über diese Begegnungen. Diese liebevollen Verbindungen sind gelebtes Glück und machen Freude."

Einander aufmerksam zuhören

Ich, das Leben, liebe es, Gespräche zu führen und mich mit Personen zu unterhalten. Gespräche sind großartig, und jede einzelne Person hat faszinierende Geschichten zu erzählen, kennt tolle Ideen und hat eine Art von eigenem innerem Wissen. Ich, das Leben, bin von freundschaftlichen liebevollen Gesprächen fasziniert. Von der Elfe habe ich, das Leben, gelernt, in Gesprächen aufmerksam zuzuhören. Die Elfe ist Meisterin im aufmerksam Zuhören und hat mir, dem Leben, gezeigt, wie das geht. Ich, das Leben, nehme mir die Zeit und höre aufmerksam zu, wenn mir, dem Leben, jemand von seinen Ideen erzählt, von seinen alltäglichen Geschichten berichtet oder seine Erfahrungen, seine Ansichten und sein Wissen teilt.

Ohne meine Elfe hätte ich, das Leben, wohl nie gelernt, in Gesprächen aufmerksam zuzuhören. Wie das geht, denkst du vielleicht. Es braucht wenig, das wahre Interesse an den Erlebnissen, Erfahrungen und Themen der Gesprächspartner(innen). Dabei die eigenen Gefühle wahrnehmen und zulassen ist essenziel. Eine Weile selbst nichts zu erzählen gehört auch dazu. Dieses achtsame Zuhören bedeutet auch nachfragen, Betroffenheit teilen, Verständnis zeigen und interessiert mitdenken. Mit dieser achtsamen Art zu kommunizieren entsteht zwischen den Personen ein weiteres liebevolles Band. Das beschreibt die Elfe so, und sie meint weiter, es entsteht eine vertrauensvolle Verbindung.

Ich, das Leben, habe große Freude am aufmerksamen Zuhören, es macht mich, das Leben, verständnisvoll. Beim aufmerksamen Zuhören lerne ich, das Leben, sehr viel über Menschen, ihre Träume, ihre Sorgen und ihre Wünsche.

Eine liebevolle Umarmung

Wer wünscht sich das nicht, die Wärme und Schönheit einer liebevollen Umarmung. Sei dies zur Begrüßung, um Freude zu teilen, Trost zu spenden, zärtlich zu sein, einen kleinen Streit zu schlichten, ohne Wort zu kommunizieren, sich zu verabschieden und mehr. Ich, das Leben, mag das. Die Gefühle, die ich, das Leben, bei einer liebevollen Umarmung empfinde, tun mir, dem Leben, besonders gut. Es ist die Geborgenheit, welche mich, das Leben, besonders berührt, es ist dieses aufgehoben und akzeptiert zu sein. Ich, das Leben, finde das wunderbar. Die Elfe meint: „Liebevolle Umarmungen sind Balsam für die Seele und das Wohlbefinden aller. Sie sind heilsam, verbinden und machen einfach glücklich. Umarmungen tun mir, der Elfe, gut." Mir, dem Leben, gefällt das, was die Elfe sagt. Mehr braucht es nicht.

Begegnung mit einer weisen Frau

„Was tut dir gut?" Diese scheinbar einfache Frage kenne ich, das Leben, von der Elfe. Die Frage ist einfach. Und wie ist es mit der Antwort? Ich, das Leben, frage mich oft: „Was ist es, was mir, dem Leben, guttut?" Einige Antworten sind einfach. Begegnungen mit liebevollen Personen, Erlebnisse in der Natur, ein Buch lesen, Ruhepausen machen, frisches Essen, Träumen, Gespräche mit der Familie führen, an einem See sitzen, Musik hören und vieles mehr. Das ist einfach, das ist mir, dem Leben, klar. Wie ist es, wenn ich, das Leben, diese Frage mir im Alltag öfters stelle. Das verlangt Mut und Ehrlichkeit von mir, dem Leben. „Ja, das braucht Mut und Ehrlichkeit, diese Wahrheit zu erkennen", sagt die Elfe. Und weiter: „Ich, die Elfe, finde diese Frage wichtig, sie schafft Klarheit, klar wie das Wasser in Bergbächen. Dieses ist klar und frisch, selbst beim Anblick wirkt es auf mich reinigend. Ich, die Elfe, frage mich bei vielen Dingen im Alltag, ob mir das guttut. Oft bin ich mir sicher und kann mich für ein ‚Ja, das tut mir gut' entscheiden. Wenn ich mich nicht zwischen einem Ja und Nein entscheiden kann, beobachte ich das einfach weiter. Bei der Antwort Nein ist mir, der Elfe, klar, ich nehme das an, versuche das nicht mehr zu tun oder auf eine andere Art zu tun. Ich, die Elfe, frage mich nach Begegnungen mit Menschen, ob diese mir guttun; wenn ich nicht sicher bin oder gar bei einem Nein, versuche ich, das Leben, auf diese Begegnungen möglichst zu verzichten.“ Ich, das Leben, bin sicher, es gibt ausreichend wunderbare Begegnungen mit Menschen. Das sind große Worte der Elfe, ich, das Leben, werde das üben, Schritt für Schritt, und ich bin sicher, das macht mich, das Leben, glücklich.

Was mich, das Leben, glücklich macht, ist die Begegnung mit einer weisen Frau. Ich weiß, es gibt viele weisen Frauen. Mit einer mir gut bekannten weisen Frau treffe ich, das Leben, mich liebend gerne. Diese Frau ist wunderbar. Ich, das Leben, genieße ihr Wesen und ihre Worte. Die Begegnungen mit dieser Frau sind kostbar, ich, das Leben, werde dabei ruhig, bin auf die Begegnung konzentriert und vergesse die Zeit. Die Frau kennt so viele Geschichten und hat ein vielseitiges Wissen. Sie hört aufmerksam zu, wenn ich, das Leben, ihr etwas erzähle. Sie fragt nach, wenn sie etwas besonders interessiert, sie vielleicht etwas nicht verstanden hat oder sie ganz einfach mehr wissen möchte. Diese weise Frau ist achtsam und interessiert. Das kann ich, das Leben, an ihrer Mimik, ihrem Ausdruck und ihrer Körperhaltung gut erkennen. Begegnungen mit dieser weisen Frau sind herzlich, wertschätzend, und ich, das Leben, fühle mich dabei geborgen. Die Begegnungen mit dieser Frau tun mir, dem Leben, einfach gut. Ich, das Leben, werde fröhlich, lache mit der weisen Frau und fühle mich aufgehoben. Das ist ein großes Geschenk von Glück, Freude und Zufriedenheit.

Welche Erfahrungen hast du mit Begegnungen, die dir guttun? Kennst du auch Begegnungen, bei denen du dich nicht wohlfühlst, die dir nicht guttun? Was denkst du, wie kannst du das ändern?

Der Adler im Wind

Ich, das Leben, bin fasziniert von der Art, wie ein Adler mit dem Wind segeln kann. Der Adler, so denke ich, das Leben, ist ein ganz besonderer Greifvogel. Er kann im Wind segeln, als ob es keine Kraft dazu braucht und ohne Anstrengung ist. Er spannt seine kräftigen Flügel aus und schwebt über die Bergen, Täler, Seen und die Felswände entlang. Der Wind trägt den Adler durch die Landschaft. Ich, das Leben, schaue dem Adler gerne zu. Er vertraut seinen Flugkünsten und dem Wind. Der Adler, so denke ich, das Leben, ist frei. Frei von Vorstellungen und Ansprüchen. Ich, das Leben, bewundere diese Freiheit des Adlers. „Wie ist das mit dir, Leben, fühlst du dich frei?", fragt die Elfe mit etwas leiser Stimme. Ich, das Leben, bin mir nicht sicher, ob ich mich frei fühle, ich weiß es nicht. Was ist für mich, das Leben, Freiheit, und was bedeutet sie mir? Ich, das Leben, brauche etwas Zeit für eine Antwort. Was ist Freiheit? Wie fühlt es sich an, frei zu sein? Sicher ist, ich, das Leben, fühle mich frei, wenn ich den Alltag selbst gestalten kann, wenn ich Zeit habe, auch einmal nichts zu unternehmen, einfach für eine Zeit zu ruhen. Das ist für mich, das Leben, etwas Großes. Auch wenn ich daran denke, wie das im durchorganisierten früheren Alltag mit den vielen Terminen und Aufgaben war. Oh, ich, das Leben, bin so froh, dass ich einen neuen, entspannten Alltag habe. Frei zu sein bedeutet für mich, das Leben, auch frei sein im Denken, meine eigene Meinung zu äußern und andere Meinungen wertfrei zu akzeptieren. Wenige Dinge zu besitzen macht mich, das Leben, frei. Zeit zu haben für Momente und Begegnungen ist ein wichtiger Teil der Freiheit. Ich, das Leben, stelle mir vor, wie es ist, als Adler durch die Luft zu segeln. Das ist bestimmt die große Freiheit.

Ich, das Leben, schaue gerne dem Adler zu. Beobachte, wie er durch die Luft schwebt und wünsche, ich könnte ihn ein Stück begleiten.

Begegnungen mit der Freude

Begegnungen mit der Freude, das sind reichhaltige Momente. Ich, das Leben, führe eine Liste mit Dingen, die mir Freude bereiten. Etwas mit Freude tun braucht keine Anstrengung, es geschieht einfach so. Hast du auch eine solche Liste?

Auf meiner Liste habe ich, das Leben, vieles notiert, was mir Freude macht. Da sind große und kleine Dinge drauf. Als Beispiel sind das: durch den Wald laufen, ein fröhliches Lied singen, Tiere beobachten, Briefe schreiben, mit Menschen herzhaft lachen, Freunde treffen und mich mit ihnen unterhalten, Musik hören, Bücher lesen, Reisen in verschiedene Länder und Städte, in der Natur sein, einen Kuchen backen, eine Pause machen und mehr. Es gibt so vieles, was mir, dem Leben, Freude macht.

Wie ist es mit der Elfe? Ich, das Leben, freue mich über die vielen Begegnungen mit der Elfe, ihr Wissen und die wohlgemeinten Tipps. Was macht der Elfe besonders Freude? Ich, das Leben, frage sie: „Du, Elfe, was macht dir viel Freude? Das hast du mir, dem Leben, noch nicht erzählt." Das Leben ist neugierig geworden. Was könnte das sein, was der Elfe Freude bereitet. Diese nimmt sich Zeit, sucht nach einer passenden Beschreibung und beginnt zu erzählen. „Was mir, der Elfe, große Freude macht, ist, wenn ich sehe, wie jemand glücklich und zufrieden ist. Das freut mich sehr und berührt mich tief im Herzen drin. Zeit zu haben und einfach zu sein, das ist für mich auch eine große Freude. Oder wenn ich, die Elfe, friedlich lachende Menschen sehe. Und noch vieles mehr macht mir, der Elfe, Freude. Die Freude berührt mein ganzes Wesen, und sie gibt mir Energie." Das sind eindrückliche und schöne Worte der Elfe. Das freut mich, das Leben.

Begegnung mit einem Lindenbaum

Lindenbäume ziehen mich, das Leben, an. Weshalb, weiß ich nicht so genau. Unter Lindenbäumen finden viele Begegnungen statt, oft laden Bänke unter Linden zum Verweilen ein. Lindenbäume können mehrere Hundert Jahre alt werden. Was ein

Baum während so langer Zeit alles miterlebt? Die vielen Gespräche, die im Schutz der Linde geführt werden, Liebespaare, die sich bei der Linde treffen, fröhliche Feste, die unter der Linde gefeiert werden. Die vier Jahreszeiten, welche die Linde in verschiedener Schönheit glänzen lässt, das ist für mich, das Leben, besonders. Im Frühling, wenn die sattgrünen Blätter wachsen, im Sommer, wenn die Blüten süß duften und das Summen der Bienen zu hören ist, im Herbst, wenn die Blätter sich golden verfärben und abfallen, im Winter, wenn sich das Muster der Äste zeigt. „Wie ein Wunder", denke ich, das Leben. Die Linde hat noch ganz andere Eigenschaften, davon weiß die Elfe einiges zu berichten. „Ich, die Elfe, bin sicher, die Bäume tun viel Gutes, für die Menschen und für die Natur. Was ich, die Elfe, schon oft erlebt habe, ist die wohltuende Kraft der Bäume. Das ist etwas ganz Wertvolles und Besonderes. In der Nähe von Bäumen fühle ich mich gut, vor allem bei alten Bäumen. Bei der Linde ist das gute Gefühl besonders klar. Ich, die Elfe, habe schon oft Menschen in der Nähe von Bäumen beobachtet. Was ich, die Elfe, dabei sehen kann, ist, wie sich das Befinden der Menschen in der Nähe von Bäumen verändert. Sie werden ruhig und zufrieden. Einige vertrauen der Linde ihre Sorgen und Ängste an, berühren den Baumstamm, umarmen den Baum oder setzen sich zum Baum und lehnen an diesem an. Mir, der Elfe, gefällt das, und ich bin sicher, die Bäume helfen den Menschen und zeigen ihnen ein wertvolles Stück Glück." Ich, das Leben, freue mich über Begegnungen mit Bäumen, speziell mit Linden und den Menschen, die sich bei Linden treffen.

Begegnungen im Alltag

Im Alltag gibt es viele nicht geplante, scheinbar zufällige Begegnungen: die Nachbarin im Treppenhaus, der Nachbar beim Gärtnern, die Frau an der Ladenkasse, unterwegs spazierende Personen, Mitfahrende im Zug, Bauarbeiter bei Baustellen, Bauern auf dem Markt oder bei der Arbeit, Mitarbeiter des Bauamtes beim Wischen der Trottoirs, Mütter und Väter mit Kindern auf dem Spielplatz, Schulfreunde beim Schlendern durch die Straßen, Arbeitskollegen, bekannte Personen und viele mehr. Ich, das Leben, mag diese Begegnungen im Alltag. Manchmal dauern sie einen Augenblick, manchmal ein paar Sekunden, und manchmal entstehen Gespräche, und die Zeit spielt keine Rolle mehr.

Was ist mir, dem Leben, bei Begegnungen im Alltag wichtig? Dazu habe ich mir lange keine Gedanken gemacht. In meinem Alltag mit dem übervollen Terminkalender hatte ich auch gar keine Zeit für diese Begegnungen. Ich, das Leben, habe diese Begegnungen nicht gesehen, nicht erkannt und nicht geschätzt. Jetzt, in diesem langsameren und mit Freude gefüllten Alltag, ist das ganz anders. Die Begegnungen sind mir, dem Leben, in meinem Alltag wichtig. Ich, das Leben, achte darauf, allen Menschen mit Wertschätzung zu begegnen, nie zu bewerten. Gerne nehme ich mir Zeit für ein Gespräch, wähle bewusst freundliche Worte und schenke ein Lachen, verständnisvolle und motivierende Worte gehören dazu.

Diese Begegnungen im Alltag sind für mich, das Leben, wie eine Quelle der Kraft. Ich, das Leben, fühle Freude und Glück. Ich sammle diese Begegnungen und achte sorgfältig darauf, genügend von diesen wohltuenden Begegnungen zu haben. Der Alltag mit den Begegnungen ist mir, dem Leben, vertraut, und ich vertraue dem Alltag, der mir täglich schöne Begegnungen schenkt.

Das sagt die Elfe: „Ich, die Elfe, schenke allen Menschen, denen ich begegne, freundliche Worte und ein Lächeln. Selbst freue ich mich sehr über freundliche Worte und ein Lächeln der Menschen, denen ich, die Elfe, im Alltag begegne. Das macht mir Freude. Ich, die Elfe, höre gerne zu, wenn Menschen mir ihre Geschichten erzählen, auch ihre Sorgen und Wünsche. Die Begegnungen machen den Alltag lebenswert und reich an Inhalt.“ Wie machst du das in deinem Alltag?

Begegnungen mit mir, dem Leben

Wie ist es, mir, dem Leben, selbst zu begegnen? Was ist das überhaupt? Wie geht das? Für mich, das Leben, gibt es einen Weg, dies herauszufinden, ich frage die Elfe. Die Elfe hat für so vieles, beinahe alles, eine Lösung, Ideen oder eine Erklärung. Ach, was wäre ich, das Leben, ohne meine wundervolle Freundin, die Elfe. Sie hat mir, dem Leben, geholfen friedlich und glücklich zu sein. Diese Fülle genau zu beschreiben fällt mir, dem Leben, schwer. Ich, das Leben, kenne keine zutreffenden Worte, um dieses große Glück zu beschreiben. Sicher ist, die Elfe macht immer das Bestmögliche, zum Wohlbefinden für alle, und noch ein wenig mehr. Ich, das Leben, bin sicher, die Elfe ist mein größter Schatz. Ich, das Leben, frage sie: „Du, Elfe, wie geht das, mir selbst, dem Leben, zu begegnen? Mir, dem Leben, ist das fremd, ich weiß nicht, wie ich das machen kann. Was ich sicher weiß, ich wünsche mir Begegnungen mit mir selbst. Ich, das Leben, möchte meine inneren Wünsche kennen."

Die Elfe ist tief berührt von den liebevollen Worten und den Schmeicheleien des Lebens. Sie braucht noch etwas Zeit, um eine Erklärung zu finden. „Ja, ich, die Elfe, kann dir, dem Leben, gerne zeigen, wie du mit dir selbst Kontakt aufnehmen kannst. Dafür sind ruhige und stille Momente geeignet. Du kannst dich auf dein Sofa setzen, in der Natur sein oder an einem anderen angenehmen Ort. Schicke deine Aufmerksamkeit zu deinem Herzen, vielleicht kannst du, Leben, wahrnehmen, wie es um dein Herz herum wärmer wird. Frag dein Herz, was deine wahren Wünsche sind. Wenn du achtsam in der Stille bist und nichts denkst, wirst du deine Wünsche erkennen. Meist sind die ersten Gedanken die passenden.

Es kann ein Thema, ein Satz oder auch eine Frage sein. Vielleicht ist es auch etwas, was dir, Leben, wie ein Traum vorkommt." Das sind die Worte der Elfe. Sie schaut das Leben an und wartet und beobachtet. Ich, das Leben, bin erstaunt, wie einfach es ist, mit mir selbst Kontakt aufzunehmen. Was werde ich, das Leben, über mich selbst, meine Wünsche herausfinden? Wird es etwas Überraschendes sein? Das zu machen ist für mich, das Leben, schwierig, als ob ich zuerst eine gut verschlossene Türe öffnen soll. Ich, das Leben, suche einen stillen Ort und spüre mein Herz. Es wird warm rund um mein Herz, so wie die Elfe das beschrieben hat. Was kann ich, das Leben, nun wahrnehmen? Was ist es? Mehr Zeit für all die bereichernden Momente und Begegnungen zu haben. Das bin ich, das Leben, sicher. Dies ist so klar, dass es auch gelingen wird.

Kennst du das? Wünschst du dir das auch?

Begegnungen mit dem Vertrauen

Das Vertrauen ist ein wichtiges Fundament für das Glück. Wem schenke ich, das Leben, Vertrauen? Vertraue ich mir selbst? Vertraue ich darauf, das Glück zu finden? Vertraue ich, das Leben, darauf, es einfach gut zu haben und zufrieden zu sein? Vertrauen bedeutet für mich, das Leben, aufgehoben zu sein. Ich vertraue mir selbst, meinen Wünschen, meinen Gefühlen, meinen Ideen, meiner Wahrnehmung. Das bedeutet für mich, das Leben, auch danach zu handeln. Wenn ich, das Leben, mich über etwas freue, dann vertraue ich darauf, dass dies gut ist, und achte darauf, dass dies auch so bleibt. Anders ist es bei unangenehmen Gefühlen, da vertraue ich auf das Gefühl und suche eine Veränderung, eine Verbesserung. Wie ist es mit dem Vertrauen in Personen? Das frage ich, das Leben, die Elfe. „Du, Elfe, wie beschreibst du das Vertrauen zwischen zwei Personen? Was könnte das sein? Wie beschreibst du eine vertrauensvolle Beziehung?" Mir, dem Leben, fehlen die Worte dazu. Einmal mehr ist der Rat der Elfe gefragt. „Das Vertrauen ist eine friedensstiftende Kraft, es ist ein starkes Band wohlwollender Gefühle zwischen zwei Personen. Vertrauen, das meine ich, die Elfe, wird gegenseitig geschenkt und nie einzeln gefordert." Das sagt die Elfe. Ich, das Leben, frage mich, wem schenke ich Vertrauen?

Spielende und lachende Kinder

Ich, das Leben, staune darüber, wie Kinder unbeschwert, ohne Vorurteile, fröhlich und lustig miteinander spielen, plaudern oder herumrennen. Sie haben Ideen für spontane fröhliche Spiele und lachen viel. Die Zeit wird dabei vergessen, und alles, was zählt, ist das, was in jenem Augenblick geschieht. Ich, das Leben, bin von diesem Lachen fasziniert. Die Kinder lachen laut, ihre Gesichter zeigen das Lachen deutlich, es tut den Kindern sicher gut. Ich, das Leben, frage mich: „Kann ich, das Leben, auch wie die Kinder lachen? Lachen, wie es jeder Augenblick möglich macht? Das gibt Energie. Und wenn eins, zwei, drei der Kinder anfangen zu lachen, vergeht kaum eine Sekunde, und die anderen Kinder lachen mit. Wie in einem Orchester, da spielen auch alle Musiker(innen) gleichzeitig, und zusammen ertönt das musikalische Stück. Wie Funken, die springen und sich zu etwas Großem zusammenfügen. Ich, das Leben, weiß echt nicht, ob ich so lachen kann wie Kinder. Das macht mich für den Moment traurig. Ich denke, ich, das Leben, sollte das wieder üben, einfach so. So wie ich mich kenne, schaffe ich das auch. Ich versuche es einfach, ohne lange zu überlegen." Die Elfe freut sich, diese Sätze des Lebens gefallen ihr gut. „Lachen, glücklich sein und Freude haben gehören zusammen. Wichtig ist, von allen drei genügend zu haben. Zu viel, das ist nicht möglich." Die Elfe liebt alles, was glücklich macht.

Begegnung mit Freunden aus der Jugendzeit

Das vertraute Band, das auch nach Jahren verbindet und Vertrauen schafft. Ich, das Leben, kenne das gut. Wenn ich Freunden aus der Jugendzeit begegne, ist das für mich sehr speziell. Es ist sicher dieses vertraute Band, was diese Begegnungen besonders macht. Das alleine ist es nicht. Es sind auch die Erinnerungen an eine frühere, meist unbeschwerte Zeit. An die Abenteuer auf dem Schulweg, an so manchen Streich, an jugendliche Geheimisse, an Streitereien, die bald wieder vergessen sind, an

Geburtstagsfeiern, erste Erfahrungen mit der Liebe, nächtelange Gespräche, Scherze, Treffen mit Gleichgesinnten, Ausbrechen aus Regeln, Suchen der eigenen Identität, alberne Wettrennen, an nächtelange Partys und müde Tage danach, an erste Ferien mit Freunden und vieles mehr. Wenn ich, das Leben, einem Freund oder einer Freundin aus der Jugendzeit begegne, ist das wie damals. Das vertraute Band ist wieder da, und wir können über verschiedenste vergangene Geschichten lachen. Es ist für mich, das Leben, spannend zu erfahren, was diese Freunde später erlebt, erfahren und gelernt haben. Ich höre gerne zu, wenn sie etwas erzählen, von ihren Familien, von langen Reisen durch die Welt, Ausbildungen, Liebesgeschichten, auch Enttäuschungen, eigenen Firmen und vielem mehr.

Ich, das Leben, mag diese Geschichten. Manche der Freunde haben auch schwierige Zeiten erlebt. Wenn es ihnen danach wieder besser geht, freue ich mich mit ihnen. Ich, das Leben, juble, wenn es Menschen gut geht, wenn sie glücklich sind und das auch zeigen. Mich nimmt wunder, wem aus der Jugendzeit ich als Nächstes begegne, eine kleine Überraschung wird es sicher sein.

„Diese Begegnungen mit Jugendfreunden", meine ich, die Elfe, „sind deshalb so angenehm und freundlich, weil das Vertrauen von früher noch immer da ist. Das finde ich, die Elfe, wertvoll. Auch ich bin sehr berührt von diesen Begegnungen mit Jugendfreunden. Und ja, am meisten freue ich mich, wenn es den Freunden von damals richtig gut geht, wenn sie glücklich sind."

Gespräche beim Gehen

Was sind deine Erfahrungen mit Gesprächen beim Gehen? Für mich, das Leben, sind Gespräche beim Gehen besondere Begegnungen. Ich, das Leben, nutze diese am liebsten für Gespräche zu zweit. Ich, das Leben, mache gute Erfahrungen mit dieser Art von Gespräch. Es fällt mir, dem Leben, einfach, bei Gesprächen im Gehen aufmerksam zu sein. Den Fokus auf das Gespräch zu richten. Beim Gehen, speziell durch die Natur und entlang von Bäumen, fällt es mir, dem Leben, leicht, die passenden Inhalte und Worte zu finden. Das ist wie das Wasser in einem Bach, es sprudelt und fließt, schnell oder langsam. Die Elfe möchte auch etwas zu Begegnungen bei Gesprächen im Gehen mitteilen. „Das wirklich Schöne an Gesprächen beim Gehen ist, es ist angenehm, eine Zeit lang nichts zu sagen, nachzudenken, still zu sein, zu beobachten. Was mein Herz berührt, ist dieses Bild: Die Gesprächspartner laufen gemeinsam einen Weg vom Start bis zum Ziel. Ich, die Elfe, bin mir sicher, dieses Bild, dieses gemeinsame Wegstück, ermöglicht die achtsamen Gespräche. Das Leben hat viel gelernt, und ich, die Elfe, freue mich darüber."

Ich, das Leben, mag Gespräche beim Gehen aus verschiedenen Gründen. Sie sind einfach praktisch, sie brauchen wenig Zeit und kosten nichts. Diese Gespräche können an so vielen Orten stattfinden, in einem Stadtpark, vor der eigenen Haustüre, an einem Seeufer, durch einen Wald und vieles mehr. Gemeinsam kann die Umgebung betrachtet werden, schöne Häuser, wunderbare Gärten, blühende Blumen, Bäume und Sträucher, Landschaften, Tiere und mehr. Sitzbänke laden zu einer Pause ein.

Was gibt es noch, was diese Gespräche beim Gehen speziell macht? Was ich, das Leben, gelernt habe, Unstimmigkeiten können einfach gelöst werden. Klar, dazu braucht es die Bereitschaft der am Gespräch beteiligten Personen. Mir, dem Leben, ist das schön öfters gelungen. Gespräche beim Gehen sind ein praktisches Werkzeug für mehr Glücksmomente im Alltag.

Begegnung mit einer Wanderreisenden

Ich, das Leben, mag spontane, nicht geplante Begegnungen. Immer wieder bin ich beeindruckt von den Erzählungen von Reisenden. Von Personen, welche diese Reisen zu Fuß unternehmen, kann ich, das Leben, viel lernen, ich mag diese Geschichten vom Unterwegssein und diese Erzählungen der Wanderreisenden. Sie sind mit wenig Dingen unterwegs, tragen alles, was sie brauchen, selbst, einige sind mit Zelt unterwegs und übernachten am

Wegesrand in der freien Natur. Sie sind unterwegs bei Sonnenschein, Regen, Wind, wenn es heiß ist und wenn es kalt wird. Sie gehen durch Naturparks, entlang von Bächen, durch Dörfer und durch Städte. Diese Wanderreisenden erleben die Welt so, wie sie ist, Stück für Stück, immer das Nächste was kommt. Sie können unangenehme wie hektische Orte nicht einfach auslassen, sie sind gefordert anzunehmen, was als Nächstes kommt. Ich, das Leben, denke, diese Wanderreisenden fühlen sich frei. Wie es genau ist, weiß ich nicht. An eine Begegnung mit einer Wanderreisenden kann ich, das Leben mich sehr gut erinnern. Diese Frau ist über Monate von Ort zu Ort gewandert und hat meist in ihrem Zelt übernachtet, sie hat von vielen Begegnungen mit Orten und Menschen erzählt, auch von der intensiven Begegnung mit ihr selbst. Sie sieht sich selbst als Gast im Alltag von Menschen und Orten und beobachtet, was geschieht, fragt nach, wenn etwas Spezielles geschieht, und spricht mit den Menschen. Was ich, das Leben, nie vergessen werde, ist die Haltung dieser Wanderreisenden: „Egal wem ich begegne, was ich sehe und erlebe, was die Menschen mir erzählen, ich urteile nie." Das berührt mich, das Leben.

Die Elfe kennt viele Wanderreisende. „Wanderreisende sind oft über Monate unterwegs, sie planen unterwegs zu sein, haben ein Ziel, wie bis ans Meer zu laufen, und alles dazwischen können sie nicht planen, sie sind eins mit dem Weg und den Erlebnissen, und akzeptieren das, was ist. Ich, die Elfe, sehe: Diese Wandernden haben gelernt auf ihre eigenen Wünsche zu hören, viele von ihnen setzen ihre Träume um. Träume zu leben, wahr werden zu lassen, das finde ich, das Leben, großartig. Das ist ein ganz großes Stück des wahren Glücks."

Ich, das Leben, bin sehr beeindruckt von Wanderreisenden, die Geschichten inspirieren mich, das Leben. Ich, das Leben, wünsche mir viele Begegnungen mit Wanderreisenden.

Begegnungen mit guten Freunden

Gute Freunde sind vertraute Begleiterinnen und Begleiter. Mit diesen kann ich, das Leben, Freude teilen, gemeinsam Erfolge feiern, ihnen meine Sorgen anvertrauen, angenehme Zeit miteinander verbringen, ehrlich sein, anregende Gespräche führen, Meinungen austauschen und annehmen, zuhören, wenn es wichtig ist, gemeinsame Werte leben, sie unterstützen, Hilfe annehmen, sich gegenseitig Gutes tun, nichts erwarten und vieles mehr. Ich, das Leben, liebe Begegnungen mit engen Freunden, diese Vertrautheit, dieser Reichtum an angenehmen Gefühlen. Mit meinen engen Freunden zusammen zu sein ist für mich, das Leben, Balsam. Ich, das Leben, fühle mich in diesen Begegnungen frei, angenommen, geborgen und verstanden.

Das gegenseitige Vertrauen, das ist mir, dem Leben, wichtig. Engen Freunden kann ich von meinen Wünschen, Träumen und Ängsten erzählen, ohne hinterfragt zu werden oder lange Begründungen nennen zu müssen. Bei Begegnungen mit Freunden fühle ich, das Leben, mich wohl. Noch mit dem vollen Terminkalender und dem durchorganisierten Alltag bin ich, das Leben, vielen Menschen begegnet. Habe mich an einem einzigen Tag mit mehreren Menschen getroffen. Das war interessant für mich, das Leben. Haben mich, das Leben, diese Begegnungen auch berührt? Einzelne bestimmt. Die große Mehrheit nicht. Das waren keine Begegnungen mit engen Freunden. Ich, das Leben, habe mich getäuscht. Das hat mich, das Leben, auch verletzt. Jetzt kenne und schätze ich, das Leben, dieses Glück, gute Freunde zu haben. Diese Empathie, welche gute Freunde sich gegenseitig schenken. Ich, das Leben, freue mich über jede Begegnung mit meinen guten Freunden, manchmal sind es kurze Gespräche, gemeinsame Spaziergänge, Essen, Ferien, Reisen, begleitet von Gesprächen. Ich, das Leben, bin der Elfe dankbar für ihre sanften Schubser zu den Begegnungen mit guten Freunden. Die Elfe hat mir, dem Leben, gezeigt, wie wertvoll gute Freunde sind.

„Ja, gute Freunde sind unendlich wertvoll“, sagt die Elfe und weiter noch: „Gute Freunde ziehen lassen, wenn die gute gemeinsame Zeit vorbei ist, und neue gute Freunde kennenlernen gehört auch dazu, selbst wenn der Gedanke daran zuerst fremd wirkt. Ich, die Elfe, habe verschiedene gute Freunde, solche, die ich oft sehe, und solche, denen ich wenig begegne, beide sind für mich wichtig. Mit einigen lache ich, die Elfe, viel, mit anderen unterhalte ich mich über Alltägliches, und mit einigen debattiere ich gerne. Mit einigen tausche ich Träume, Sehnsüchte, Wünsche und Ängste aus. Gute Freunde zu haben macht mich, die Elfe, glücklich."

Wie machst du es mit deinen guten Freunden?

Begegnungen mit einer Malerin

Was zeichnet Künstler(innen) aus? Sie leben ihren Alltag so, wie es ihnen gefällt. Sie erschaffen das, was ihnen Freude macht und wichtig für sie ist. Ich, das Leben, stelle mir das so vor: Die Künstler(innen) haben eine klare innere Stimme, und sie haben gelernt, auf diese zu hören. Sie lassen sich von dieser Stimme führen. Das kenne ich, das Leben, von einer Malerin sehr gut. Sie malt Bilder, die Emotionen darstellen, zu sehen sind Gesichter von Menschen, Körper in Bewegung, abstrakte Figuren und einfache Formen mit bunten Farben. Ich, das Leben, mag die Bilder mit den einfachen Formen und den klaren Farben. Einige dieser Bilder kann ich gut verstehen, und einige sind schön anzuschauen, andere auch nicht, das ist verschieden und je nach Betrachterin auch anders. Mich, das Leben, ziehen die Bilder mit roten Figuren an. „Was stellen diese dar?", frage ich mich, das Leben. „Was will die Malerin mitteilen?" Die Farbe Rot steht für Liebe, Angst, Leidenschaft, Stärke, Freude, Bewegung, Dynamik und mehr. Während ich, das Leben, das Bild anschaue, bestimme ich, womit ich es verbinde. Ist es für mich das Leben, die Liebe, womit ich die roten Figuren verbinde? Das kann auch wechseln. Wenn ich das Bild nächstes Mal anschaue, erinnert mich das Bild an Dynamik. Die Gefühle, die beim Betrachten entstehen, sind für mich, das Leben, immer richtig. Was mich, das Leben, fasziniert, ist das Erschaffen der

Bilder, wie die Figuren entstehen und wie sie Farben erhalten. Ich, das Leben, schaue gerne der Malerin zu. Wenn sie malt, ist sie mit den Bildern, den Figuren und Formen verbunden. Die Farben fließen auf die Bilder. Sie ist auf die Bilder fokussiert, vergisst die Zeit und macht das, was ihr gefällt, das, was sie für wichtig und richtig hält. Manchmal macht sie eine Pause, schaut auf das Bild, wartet, betrachtet, was sie schon geschaffen hat, und nach einer Weile geht es fließend weiter, das Bild entsteht. Ich, das Leben, schaue die Bilder dieser Malerin sehr gerne an. Was mich sehr fasziniert, ist die Art, wie die Bilder entstehen. Die Malerin hat das große Glück, das zu erschaffen, was für sie stimmt, zu zeigen, was sie beschäftigt, darzustellen, was ihr gefällt. Das finde ich, das Leben, ist echte Freiheit. Diese Freiheit ist auch für mich, das Leben, wichtig. Ich, das Leben, male keine Bilder, das stimmt. Ich, das Leben, versuche, wie die Malerin Bilder malt, meinen Alltag zu gestalten. Ich fühle mich frei, das zu tun, was für mich wichtig ist.

Wie sieht die Elfe das? „Ich, die Elfe, mag Bilder mit starken Farben auch besonders gut. Für mich, die Elfe, ist viel wichtiger, zu tun, was mir gefällt. Das zu erleben, was meine innere Stimme sich wünscht. Das mache ich schon lange so. Das ist mir, der Elfe, sehr wichtig. Ich, die Elfe, weiß, wenn ich tun kann, was mir wichtig ist, geht es mir richtig gut, und ich fühle mich glücklich."

Begegnungen mit der Natur

Begegnungen mit der Natur sind wunderbar, und die Natur ist überall. Ich, das Leben, finde das sehr angenehm. Begegnungen mit der Natur brauche ich, das Leben, nicht zu planen. Aufmerksam sein ist alles, was es braucht. Das heißt zu schauen, zu beobachten, zu hören und einfach zu sein. Es gibt so viele und dazu verschiedene Begegnungen mit der Natur. Das fasziniert mich, das Leben, und ich bin sehr dankbar dafür. Das ist die Begegnung mit dem Sonnenaufgang, mit dem Sonnenuntergang, dem Sternenhimmel und dem Mond. Diese Begegnungen sind für mich, das Leben, sanft und leise. Begegnungen mit Bäumen sind heilsam. Ich, das Leben, mag es sehr, für eine Weile unter einem Baum zu sitzen oder zu ruhen und manchmal für kurze Zeit einzuschlafen. Bäume sind Herbergen für viele Insekten und Vögel. Begegnungen mit den unterschiedlichsten Landschaften sind großartig, einige sind sanft und ruhig, andere eher rau und laut. Blumen sind Botschaften der Freude. Diese vielen verschiedenen Farben, Formen, Größen beeindrucken mich, das Leben. Ich, das Leben, habe mich schon oft gefragt, welche Blume ich am liebsten mag. Das weiß ich nicht, und ich, das Leben, mag mich nicht entscheiden, die Vielfalt ist so groß.

Die Sonne ist für mich, das Leben, wie eine gute Freundin. Ich freue mich, wenn sie da ist und mich wärmt. Regen mag ich, das Leben, auch. Regen klärt, reinigt und nährt die Natur.

Es gibt so viele Begegnung mit der Natur. Davon bin ich, das Leben, beeindruckt. Was ich, das Leben, am allerliebsten mag, ist, barfuß zu gehen. Barfuß über einen weichen Waldweg zu gehen, über eine taufrische Wiese, über sanftes Moos, durch ein Bachbett, über Kieswege. Was mich daran so fasziniert, das kann ich, das Leben, nicht beschreiben. Was ich, das Leben, sicher weiß, barfuß gehen, das tut mir einfach gut.

Die Elfe ist beim Barfußgehen sehr gerne mit dabei. „Ja, mir, der Elfe, gefällt das Barfußgehen sehr. Es berührt mich, die Erde unter den Füßen zu spüren. Ich, die Elfe, fühle mich beim Barfußgehen mit der Natur fest verbunden. Diese Verbindung ist ungewöhnlich klar und großartig. Ich, die Elfe, freue mich darüber, dass das Leben das Barfußgehen auch so mag. Das Leben hat viel gelernt. Mit der Erfahrung dieser starken Verbindung zur Natur wird das Leben nicht mehr in den alten Alltag mit den vielen Terminen und dieser Hektik zurückwollen. Das bin ich, die Elfe, ganz sicher." Die Elfe freut sich sehr über die Veränderung des Lebens. Sie meint: „Der neue Alltag des Lebens ist gemütlicher und reich an Momenten, das ist echtes Glück." Das Leben lacht innerlich und freut sich über die Worte der Elfe. Ja, ich, das Leben, bin sehr zufrieden mit dem neuen Alltag und den vielen Momenten. Und ich, das Leben, freue mich auf weitere Momente.

Begegnungen mit einer Blumenverkäuferin

Blumen sind Botschafter der Freude. Ich, das Leben, mag Blumen. Ich schaue sie gerne an. Frische Blumen in einem Raum zum Wohnen, das erachte ich, das Leben, als Balsam für die Seele. Die Blumen machen den Raum lieblicher und angenehmer. Ich, das Leben, kenne eine Blumenverkäuferin, die speziell schöne Blumensträuße bindet und verschiedene einzelne Blumen anbietet. Sie kann einzelne Blumen zu einem gesamten Kunstwerk zusammenfügen. Ich, das Leben, mag es sehr, diese Sträuße und Blumen anzuschauen. Freunden mit Blumen eine Freude machen, das ist etwas Großartiges. Manchmal schenke ich, das Leben, bunte Sträuße, manchmal auch einzelne Blumen, eine Sonnenblume zum Beispiel. Ich, das Leben, möchte für einige Tage mit der Blumenverkäuferin tauschen. So kann ich, das Leben, den Alltag inmitten dieser vielen bunten Blumen verbringen und Menschen eine Freude machen. Das ist bestimmt ein angenehmer Alltag. Möchte die Blumenverkäuferin auch tauschen? Da bin ich, das Leben, nicht sicher. Wer möchte schon einen bunten Alltag mit einem gewöhnlicheren, vielleicht sogar etwas grauen Alltag tauschen?

Sonnenblumen finde ich, das Leben, sehr schön. Sie wirken wie die Sonne am Himmel, sie wärmen und machen Freude. Sie berühren die Seelen und tun einfach gut. Die vielen Farben der Blumen: Weiß, Gelb, Rot, Orange, Blau, Rosa, und zahlreiche Variationen davon faszinieren mich. Gelbe Blumen finde ich, das Leben, am schönsten, wie die Sonnenblumen. „Blumen bereichern und verschönern den Alltag“, das habe ich, die Elfe, schon oft erlebt. „Ich mag es sehr, von Blumen umgeben zu sein. Sie bringen mir, der Elfe, Freude.“

Begegnungen mit Menschen und ihren Geschichten

Ein Leben, reich an Geschichten und Erlebnissen, das finde ich, das Leben, ist wunderbar. Die unterschiedlichen Geschichten der Menschen faszinieren mich, das Leben. Ich, das Leben, höre gerne Menschen zu, wie sie von ihren Geschichten des Lebens berichten. Die leuchtenden Augen dieser Menschen berühren mein Herz. Und diese Fülle von verschiedensten Geschichten ist schlicht großartig. Sie berichten von Momenten mit Pausen, vom Bau von Häusern, vom Gärtnern, von Weltreisen, von verschiedensten Begegnungen, Liebesgeschichten, vom Aufenthalt in der Natur, von Ausbildungen, von kreativen Hobbys und selbst erschaffenen Möbeln und vieles mehr. Ich, das Leben, gehe gerne einige Schritte in den Spuren dieser Menschen, dieser Geschichten. Wie wunderbar doch diese Vielfalt ist. Ich, das Leben, denke dabei oft an die Zeit mit dem gedrängt vollen Terminkalender, was habe ich da alles verpasst, größere und kleinere Dinge. Viele Gespräche und Begegnungen mit Menschen habe ich schlicht verpasst. Leider. Auch Reisen in Länder mit mir fremden Kulturen habe ich verpasst. Das ist schade. So freu ich mich umso mehr, wenn mir Menschen ihre kleinen und großen Geschichten erzählen. Ich, das Leben, stelle mir dann vor, wie freudvoll diese Menschen mit ihren Geschichten sind. Welche Geschichte möchte ich, das Leben, einmal von mir erzählen können, in zehn Jahren vielleicht? Die Antwort braucht Zeit. Was ist meine persönliche Lieblingsschichte in zehn Jahren? Ich, das Leben, wünsche mir am meisten, von Herzensgeschichten berichten zu können. Damit meine ich, das Leben, Geschichten erzählen zu können, welche mein Herz sich gewünscht hat. Was es sein wird? Ich, das Leben, weiß es noch nicht. Vielleicht ist es eine spezielle Reise, ein neues Haus mitten in der Natur, ein Gemüsegarten, selbst geschriebene Gedichte oder etwas anderes. Ich, das Leben, werde mir eine Liste mit den Wünschen für eigene Geschichten schreiben. Das wird bestimmt sehr spannend werden. Und ich, das Leben, stelle mir jetzt schon vor, wie fantastisch das sein wird, wenn ich, das Leben, in zehn Jahren von diesen Geschichten berichten kann, darauf freue ich mich.

Die Elfe mag diese Geschichten von Menschen sehr. „Ich, die Elfe, liebe diese Geschichten. Diese große Vielfalt, die ist für mich, die Elfe, immer wieder ein großes Geschenk. Ich, die Elfe, erfreue mich ganz besonders an den Geschichten des Lebens. Das Leben hat so viele Geschichten mit Momenten aus dem

Alltag, Pausen und Begegnungen erlebt. Da freue ich mich, die Elfe, mit dem Leben mit. Geschichten bewegen. Mit den Geschichten entstehen gute Gefühle wie sich freuen, erfüllt sein, sich zufrieden fühlen, zuversichtlich sein, vertraut sein und viele mehr. Diese Gefühle beschreiben das wahre Glück."

Bist du mit den Geschichten deines Lebens zufrieden? Welche Geschichten möchtest du in zehn Jahren erzählen?

Begegnungen mit fröhlichen Menschen

Kennst du das? Du triffst fröhliche Menschen, sprichst ein paar Worte mit ihnen, erzählst, was dich bewegt; nach kurzer Zeit verabschiedest du dich und gehst weiter. Nach ein paar Schritten bemerkst du, wie du selbst fröhlich geworden bist und vielleicht gar ein wenig lächelst. Vielleicht merkst du auch, wie sich deine Schritte verändert haben. Wie sie leichter geworden sind. Ich, das Leben, mag solche Begegnungen voller Freude. Es ist die Freude, die so vieles angenehmer und leichter macht, die Schritte und vieles mehr. Und wie diese Freude sich verbreitet, wie Dominosteine, jeder bringt den nächsten in Bewegung. Ich, das Leben, mag all die verschiedenen Begegnungen, und ich freue mich über die fröhlichen Menschen, die Freude zeigen. Das ist ansteckend wie ein Lachen und andere Gefühle. Wo gibt es viele fröhliche Menschen? Das frage ich mich, das Leben. Die Elfe, die so unendlich vieles weiß, ist auch sehr fröhlich. Sie ist bestimmt glücklich, das denke ich, das Leben. Die Elfe ist für mich, das Leben, eine fantastisch tolle Freundin und Begleiterin. Sie weiß so vieles und unterstützt mich immer, wenn es wichtig ist, oder ich, das Leben, eine Art Aufgabe zu lösen habe. Die Elfe tut mir, dem Leben, einfach gut. Die Elfe mag diese fröhlichen Begegnungen auch. „Ich, die Elfe, mag Begegnungen mit fröhlichen Menschen sehr gerne. Ich habe schon oft beobachtet, wann Menschen fröhlich sind und wann weniger. Es ist ganz einfach. Die fröhlichen Menschen fokussieren sich auf das, was im Moment ist. Unabhängig, ob sie auf dem Weg zur Arbeit sind, für den Sport unterwegs sind, ein Gespräch führen, den Garten pflegen, ein Essen kochen, eine Arbeit schreiben, an einem Haus bauen, miteinander spielen und vieles mehr. Sie nehmen sich Zeit für Dinge, die ihnen wichtig sind. Ich, die Elfe, freue mich für alle Menschen, denen das gelingt, und ich freue mich über die verschiedensten Begegnungen mit fröhlichen Menschen, mit Kindern ganz besonders." Ich, das Leben, mag auch das fröhliche Geplauder, wenn sich Menschen miteinander treffen, in Cafés oder einem anderen Ort. Was die Elfe gesagt hat, berührt mich, das Leben. Und ich, das Leben, erinnere mich an die frühere hektische Zeit. Das ist schon lange her, zumindest was mir die Erinnerung berichtet. Ich, das Leben, bin sehr froh, dass das so ist.

Was kann ich, das Leben tun, um selbst fröhlicher zu sein und bei allen meinen Begegnungen ein Stück davon weiterzugeben? Ich, das Leben, mach das einfach so, wie die Elfe das sagt, ich handle aus dem Moment heraus. Damit werde ich vielen fröhlichen Menschen begegnen, da bin ich, das Leben, sicher.

MOMENTE FÜR DAS BERUFSLEBEN

Glück und Freude im Berufsleben zu finden ist für mich, das Leben, besonders wichtig. Die vielen Stunden, Tage, Monate und Jahre, welche vom Berufsleben ausgefüllt sind, sollen für mich, das Leben, bereichernd und erfüllend sein. Das habe ich über lange Zeit nicht erkannt. Ich, das Leben, habe nicht hingeschaut, habe nicht klar genug gefragt: „Macht mich das Berufsleben glücklich und zufrieden?“ Da bin ich, das Leben, lange rumgerannt, von Termin zu Termin, von Sitzung zu Berufstreffen, von dicht gefülltem Wochenende zu Kurzferien an bekannten Orten. Die Elfe hat mich, das Leben, wachgerüttelt. Sie hat mich, klar und sanft, aus dem hektischen Berufsleben befreit. Das hat sie mit Fragen, wie der Frage nach dem Glück und der Zufriedenheit, geschafft. Aus der Hektik konnte ich, das Leben, mich nicht selbst befreien. Ich bin sehr dankbar für die Hilfe der Elfe. Was wäre aus mir, dem Leben, ohne die Elfe geworden? Ich weiß es nicht. Bestimmt wäre ich, das Leben, nie so zufrieden und glücklich geworden, wie ich nun bin. Was das im Beruf ausmacht, das erzähle ich, das Leben, in den folgenden Momenten. Diese sind geprägt von Wertschätzung. Damit meine ich, das Leben, alles, was den Menschen und der Natur guttut. Was meint die Elfe dazu? „Ich, die Elfe, habe oft über ein rundum gelungenes Berufsleben nachgedacht und mir ein stimmiges Bild geschaffen. Davon kann ich, die Elfe, nun erzählen. Diese neue Art des Berufslebens ist entspannt. Was meine ich, die Elfe, damit? Im Allgemeinen ist dies, weniger Zeit für das Berufsleben aufzuwenden, das tun, was wirklich wichtig und notwendig und den Menschen und der Natur nützlich ist. Es gibt kein Richtig oder Falsch, die Frage ist, funktioniert es oder funktioniert es nicht. Wenn etwas funktioniert, bestens. Wenn etwas nicht funktioniert, wird es so lange verbessert, bis es funktioniert. Oder es ist nicht notwendig und kann weggelassen werden.“ Da freu ich, das Leben, mich auf die Momente, die jetzt folgen. Und vielleicht ist es in Zukunft nicht mehr notwendig, so viel kostbare Zeit für das Berufsleben einzusetzen.

Alles zur richtigen Zeit tun

Alles zur richtigen Zeit tun, das habe ich, das Leben, schon öfters von der Elfe gehört. Das tönt für mich, das Leben, einfach und spannend. Ich weiß nicht so genau, was das bedeutet. Einiges kann ich mir vorstellen. Es gibt Dinge, ganz einfache aus dem Alltag, die gelingen manchmal ohne Anstrengung gut und manchmal mit Anstrengung weniger gut. Da frag ich mich, das Leben: „Was macht das aus?" Einige Dinge und Momente sind vom ersten Gedanken an einfach im Fluss. Die Idee entsteht, die Lösung ist da, und gefühlt zur gleichen Zeit ist alles umgesetzt und gelingt einfach. Mehr auf diesen Fluss zu achten, das ist bestimmt eine gute Sache. Den richtigen Zeitpunkt nutzen, für kleine und große Dinge, das ist nützlich. Da gehört auch Warten, Innehalten und Geduld dazu. Das sind Eigenschaften, die ich, das Leben, von mir nicht gut kenne. Viele Jahre habe ich nach Plan, und mit dem Kopf, gearbeitet. Das ist Vergangenheit. Jetzt hänge ich, das Leben, zwischen diesen beiden Varianten drin, mein Kopf macht einen Plan, und gleichzeitig würde ich lieber in der Hängematte liegen und auf die richtige Zeit warten, um eine Idee umzusetzen. Das bringt mehr Hektik als Ruhe und ist keine gute Sache. Alles in einen Fluss zu bringen, das ist das Ziel. „Wie kann das funktionieren?", frage ich mich, das Leben. Meine liebevolle Begleiterin, die Elfe, lacht und scherzt: „Pläne einzig im Kopf zu gestalten und auch gleich in die Tat umzusetzen, das ist wie Radfahren mit Gegenwind. Es ist anstrengend, dauert lange, und bis du am Ziel angekommen bist, fühlst du dich müde, du merkst nicht mehr, dass du am Ziel angekommen bist. Und alles geht von vorne los. Dieses Strampeln ist viel zu anstrengend. Das geht einfacher. Warten, bis du Rückenwind hast. Kannst du, Leben, das, warten bis Rückenwind kommt? Wie ich dich, Leben, kenne, magst du die Anstrengung gerne." Das stimmt, ich, das Leben, mag

Anstrengungen. Nicht mehr so sehr wie früher mit der Hektik. Über diese Veränderung freue ich mich, das Leben. Dinge mit weniger Anstrengung tun können, das werde ich, das Leben, lernen, da bin ich sicher. Wie funktioniert das mit dem Rückenwind? Die Elfe hat bis jetzt nichts dazu gesagt. Ich, das Leben, höre zu. „Ja, das mit dem Rückenwind, dazu habe ich, die Elfe, einige Erklärungen. Das ist, den Zeitpunkt zu wählen, bei dem alle erforderlichen Puzzleteile gut zusammenpassen. Um dies zu erkennen, kannst du, Leben, mit dem Herzen entscheiden. Damit hast du erste positive Erfahrungen gemacht. Es ist einfach, es kostet nichts und braucht wenig Zeit. Das wirst du bald wie automatisch machen. Da bin ich, die Elfe, sicher. Es lohnt sich. Oder magst du, Leben, den Rückenwind nicht? Aufmerksam auf den gelingenden Zeitpunkt achten, das ist die Essenz." Das ist eine rundum gute Sache, denke ich, das Leben. Und ich freue mich auf den Rückenwind.

Für die Natur arbeiten

Was bedeutet das: für die Natur zu arbeiten? Das frage ich mich, das Leben. Ich stelle mir das so vor: mit der Natur achtsam umgehen, wenig Ressourcen verbrauchen und diese möglichst in den Kreislauf der Natur zurückbringen. Das hört und fühlt sich gut an. Wie kann ich, das Leben, das im Berufsleben umsetzen? Ich kann mich für einen Bereich entscheiden, der natürliche Produkte anbietet, sich für das Wohlbefinden von Mensch und Natur einsetzt oder zum Beispiel Naturhäuser baut. Da gibt es viele Möglichkeiten. Die Elfe hat eine starke Verbindung zur Natur. Ich, das Leben, bin sicher, sie kennt zu *für die Natur arbeiten* auch viele Inhalte, Ideen und Lösungen. Gerne lasse ich, das Leben, mich von der Elfe informieren und leiten. Ich frage die Elfe: „Elfe, hast du für mich, das Leben, Inhalte zu *für die Natur arbeiten?* Mir, dem Leben, ist dieses Thema sehr wichtig." Die Elfe, das ist klar, hat einfache und passende Lösungen. Und die Elfe freut sich über diese Frage des Lebens. Die Natur ist für die Elfe sehr wichtig, es ist das Fundament für alle Momente im

Berufsleben, für die Momente im Alltag, die Pausen und Begegnungen. Die Elfe ist berührt von der freudvollen Entwicklung des Lebens. „Ich, die Elfe, kenne viele Möglichkeiten, die ein Berufsleben *für die Natur* ermöglichen. Auch das geht meist einfach. Die Vielfalt ist groß. Und ich bin mir sicher, da gibt es einige Möglichkeiten, die das Leben faszinieren. Wie ist es mit: ein Buch mit fröhlichen Geschichten schreiben, Kleider aus Naturmaterialien entwerfen, Möbel aus Holz herstellen, biologische Gemüsesäfte produzieren, Geldanlagen in nachhaltige Produkte anbieten, Schuhe aus veganem Leder herstellen, Häuser aus natürlichen Materialen entwerfen und bauen, biologische Blumen anbauen, Firmen in *für die Natur arbeiten* begleiten, Wanderreisen anbieten und vielem mehr?“ Das sind alles praktische und spannende Ideen. Ich, das Leben, weiß auch ganz genau, was ich machen werde. Ich werde Firmen unterstützen, welche sich entschieden haben, ihr Geschäft in *für die Natur arbeiten* zu transferieren. Das ist für mich, das Leben, ideal, ich kann mein Wissen aus der alten Zeit, dieser Zeit mit der Hektik, als Basiswissen nutzen. Und meine unterschiedlichen bereichernden Erfahrungen mit den Momenten im Alltag, den Pausen und den Begegnungen einbringen. Das ist zusammen ein breites und verlässliches Wissen, geprägt von Erfahrungen und guten Gefühlen. Mit guten Gefühlen meine ich, das Leben, die Gewissheit, dass diese Momente mir, dem Leben, guttun und mir Glück und Freude bereiten. Da bin ich sicher, das wünschen sich viele. Ich, das Leben, freue mich sehr.

Mit dem Herzen entscheiden

Im Berufsalltag, da gibt es vieles zu entscheiden: Konkretes aus dem Alltag, Firmenstrategien, Visionen, Angebote gestalten, Details der Produkte definieren, Verkaufsziele festlegen, Mitarbeitende motivieren, Kunden begleiten und vieles mehr. Da ist mir, dem Leben, eine auf die Aufgabe abgestimmte und zuverlässige Art und Weise, um diese Entscheidungen zu treffen, sehr wichtig. Mir, dem Leben, ist klar, die Fakten, Zahlen,

Grundlagen, die Theorie, die Konzepte alleine sind nicht ausreichend, um stimmige Entscheidungen zu treffen. Da braucht es noch etwas dazu. Der wesentliche Teil, der zum Entscheid führt und im Gesamten sagt „Ja, das mache ich in genau dieser Art“, und es gibt mir das Gefühl, dass es richtig gut wird. Es ist wie dieses Bauchgefühl, dieses kenne ich, das Leben, gut, und dieses habe ich auch schon bewusst bei eher größeren Entscheidungen genutzt. Vielleicht gibt es noch etwas anderes. Etwas, was besser auf das Glück und die Freude abgestimmt ist. Die Elfe hat mir, dem Leben, von einer für mich noch fremden Art und Weise, um Entscheidungen zu treffen, berichtet. Die Elfe meint damit, Entscheidungen mit dem Herzen zu treffen. Wie sie das macht? Ich, das Leben, weiß das einmal mehr nicht. Und die Elfe wird mir, dem Leben, auch das erklären. „Elfe, ich, das Leben, kann mir nicht gut vorstellen, wie das ist, mit dem Herzen zu entscheiden. Liebe Elfe, kannst du mir, dem Leben, das erklären?“ „Ja, das kann ich, die Elfe, gut und gerne tun. Für dich, das Leben, mache ich dies sehr gerne. Mit dem Herzen entscheiden, das ist anfangs ungewohnt. Vielleicht braucht es einen Schubs, um dies zu wagen. Bei allem, was wir lernen, fühlen wir uns anfangs eher unsicher, mit dem Üben gelingt es immer besser, und wir fühlen uns wohl dabei. Gerne erkläre ich, die Elfe, wie das mit den Entscheidungen von Herzen genau geht. Es ist einfach. Bei Entscheidungen lenkst du deine Aufmerksamkeit zu deinem Herzen, du stellst dir die Frage mit den Antworten oder die erforderliche Entscheidung mit den verschiedenen Lösungen vor und hörst deinem Herzen zu. Wie verändert sich deine Wahrnehmung? Wie fühlst du dich dabei? Bekommst du ein Ja oder Nein als Antwort? Bei verschiedenen Antworten oder Lösungen gibt es eine, die sich besonders gut anfühlt? Meist sind der erste Gedanke und das erste Gefühl die stimmige Lösung. Du, Leben, ich bin sicher, das wirst du in kurzer Zeit lernen. Nach der Phase des Übens wirst du deine Entscheidungen nur noch mit dem Herzen abstimmen. Und mit der Zeit kannst du Fragen stellen und bekommst Antworten.“ Mir, dem Leben, ist dieses Vorgehen mit dem Herzen fremd, und die Worte der Elfe überzeugen mich genauso. Ich werde das üben. Am einfachsten starte ich mit einer Frage für den Alltag wie: Wie viele Stunden pro Tag sind für mich für die erfüllte Arbeit passend? Spontan denke ich, das Leben, eher weniger als acht Stunden. Sind es sechs, vier oder weniger als vier, oder ist die Anzahl gar nicht so wichtig? Nun lenke ich, das Leben, die Aufmerksamkeit auf mein Herz. Was ist mein erster Gedanke? Das ist klar, das richtige Maß ist sehr individuell und unterschiedlich. Bei der Anzahl Stunden pro Tag sind es die sechs, welche sich am angenehmsten anfühlen. Das nehme ich, das Leben, für mich so an und werde das weiter beobachten. Die Elfe ergänzt: „Annehmen und akzeptieren lernen, das ist bei Entscheidungen mit dem Herzen wesentlich."

Weniger Zeit im Berufsleben verbringen

Wie viel Zeit möchtest du für das Berufsleben einsetzen? Ich, das Leben, habe dazu sehr viel gelernt. Mir, dem Leben, viele Fragen gestellt und lange und oft darüber mit der liebevollen Elfe gesprochen. Was ist mir, dem Leben, wichtig? Ist es die Vorstellung, möglichst viel Zeit im Berufsleben zu verbringen? Ist der Beruf meine Passion? Bin ich, das Leben, bereit, etwas zu verändern, etwas neu anzugehen? Klar ist, die Antworten sind individuell, das heißt für alle anders. Die Elfe hat mir geraten, deutlich weniger Zeit im Berufsleben zu verbringen. Sie hat mich, das Leben, mit verschiedenen Ideen überzeugt. Die Elfe meint: „Stell dir, Leben, vor, wie es ist, wenn du mehr Zeit für deine Herzenswünsche hast, mehr Zeit für die vielen Momente, mehr Zeit für die Familie, mehr Zeit für die Liebe. Wie fühlt sich das an? Wie geht es dir dabei? Ich, die Elfe, kann auf diese Fragen nicht immer klar antworten, ich nutze dazu ein wirksames Vorgehen. Ich stelle mir die neue Situation in einem Bild vor. Stelle mir genau vor, wie es ist, in allen Details. Beispielsweise wenn es um *Zeit mit der Familie verbringen* geht, stelle ich mir in einem Bild vor, wie die ganze Familie beisammen ist. Von außen beobachte ich mich und nehme wahr, wie es mir, der Elfe, mit meiner Familie geht. Welche Gefühle entstehen, wenn ich, die Elfe, dieses Bild betrachte? Wie verändern sich diese Gefühle? Ich lasse mir Zeit für die Betrachtung. Manchmal ist nach einer Betrachtung klar, wie die Gefühle sind. Manchmal mache ich dies mehrmals, mit demselben Bild oder mit einer anderen Situation. Sobald für mich klar ist, dass dabei gute Gefühle entstehen, ist klar, dass die Ideen oder das Ziel stimmig sind und ich, die Elfe, gerne mehr davon haben möchte. Das ist mein Vorgehen, um etwas zu verändern, um mehr Glück und Freude zu erleben."

Bei solchen großen Fragen lasse ich mir, das Leben, Zeit, bis ich etwas verändere. Ich, das Leben, war fest in der Berufswelt drin, ich hatte viel dafür eingesetzt, hart gearbeitet, Ausbildungen durchlaufen, Projekte zum Besten umgesetzt und mehr. Es hat mir alles bedeutet.

Bis ich, das Leben, erkannt hatte, dass es wichtig ist, etwas zu verändern. Von der Elfe habe ich dieses Vorgehen mit dem Bild gelernt. Ich, das Leben, finde dieses Vorgehen großartig. Es hilft mir immer wieder. Ich, das Leben, habe mir verschiedene Bilder vorgestellt, wie es ist, mehr Zeit für die verschiedenen kleinen und großen Momente zu haben. Unter einem Baum zu sitzen, mit einem guten Freund ein Gespräch zu führen und mehr. Diese Bilder habe ich von außen betrachtet, meine Gefühle wahrgenommen; entscheidend für mich war die Freiheit, frei zu sein im Tun, was mir wichtig ist.

Schritt für Schritt habe ich, das Leben, das umgesetzt. Anfangs fühlte ich mich, das Leben, wie ein Baum ohne Wurzeln, wie ein junger Vogel, der aus dem sicheren Nest gefallen ist, wie eine blühende Blume, die niemand anschaut. Und gleichzeitig war ich, das Leben, sicher, für mich etwas Gutes zu tun.

Ich, das Leben, verbringe jetzt weniger Zeit im Berufsleben. Ich freue mich sehr, dass mir das gelungen ist. Es erfüllt mich. Wünschst du das auch?

Mit wenig Aufwand zum Ziel

Was bedeutet das, mit wenig Aufwand das Ziel zu erreichen? Ich, das Leben, wünsche mir, auf vieles, was Zeit und Energie raubt, zu verzichten. Das sind die Dinge, die Zeit rauben und trotzdem nicht maßgeblich etwas klären, lösen, besser machen oder Freude bereiten. Ich, das Leben, meine damit auch, wenn für viel zusätzlichen Aufwand nur noch wenig zusätzlicher Nutzen generiert werden kann. Mit zusätzlichem Nutzen meine ich, das Leben, ganz vieles wie Texte mit viel Aufwand etwas präziser zu schreiben, lange Besprechungen halten, ohne an den wesentlichen Inhalten zu arbeiten, Anfragen ausführlich schriftlich zu beantworten, anstatt die Fragen in einem kurzen Gespräch zu klären, viele verschiedene Produkte anbieten, nicht etwas Besonderes, viele wenig nützliche Dinge erledigen und mehr. Ich, das Leben, kenne viele weitere Beispiele. Manchmal braucht es Mut, Dinge wegzulassen und mit dem Einfachen zufrieden zu sein. Vertrauen ist eine der wichtigsten Grundlagen dazu. Ich, das Leben, habe Freude an dieser Aufgabe. Wie sieht das die Elfe? Sie hat eine Ergänzung dazu. „Mit wenig Aufwand zum Ziel schafft Klarheit. Die Beispiele des Lebens sind wichtig und gut. Zusätzlich, das ist meine Erfahrung, sind präzise Fragen wichtig. Doch zuerst geht es darum, ein klares Ziel mit darauf abgestimmten Teilzielen zu definieren. Täglich mit diesen Zielen zu arbeiten ist wichtig. Praktisch ist, wenn diese möglichst sichtbar sind. Formuliert in Stichworten, ergänzt mit Symbolen oder als Bild gemalt. Wenn die verschiedenen Ziele klar sind, können vor jeder kleinen und großen Arbeit die folgenden beiden Fragen gestellt werden: Ist das wichtig? Wenn ja, sind die Ziele auch noch einfacher zu erreichen? Das erfordert Übung, Mut und Vertrauen." Das ist logisch, ich, das Leben, finde das superlogisch. Und mir ist klar, da habe ich schon oft viel Zeit vertrödelt oder gar verschwendet. Ich habe viel Zeit verbraucht, um unzählige Dinge besser zu machen, ohne großen Nutzen. Damit meine ich nicht die freundlichen und anregenden Gespräche mit Kunden, Mitarbeitenden, Kollegen, Fachpersonen und Freunde. Viel Zeit habe ich, das Leben, für administrative Dinge, wenig relevante Details und Berechnungen, Berichte über die Tätigkeit, Optimierungen ohne Wirkung und vieles mehr verbraucht. Das geht auch anders. Ich, das Leben, bin mir sicher, *mit weniger Aufwand zum Ziel* ist entscheidend. Das ermöglicht mir und allen anderen mehr Zeit für die verschiedensten Momente zu haben. Momente im Alltag, für Pausen und für Begegnungen. Das ist mir, dem Leben, wichtig. Das ist Glück und Freude pur. Die Elfe meint: „Ja, das ist wunderbar, mehr Zeit für das Schöne und Liebevolle zu haben, das bringt Fülle."

Arbeit für das Glück der Menschen

Der Inhalt der Arbeit ist wichtig, für die Menschen, für das Glück der Menschen. Ich, das Leben, bin mir da ganz sicher. Was brauchen die Menschen für ihr Glück? Was kann das Berufsleben zum Glück der Menschen beitragen? Wie kann das Glück in das Berufsleben eingeladen werden? Wichtig sind Berufe, welche etwas Gutes für die Menschen schaffen. Da gibt es vieles: Bäcker, die ein besonders knuspriges Brot backen, Autoren, die humorvolle Geschichten schreiben, Bauern, die biologisches Gemüse anbauen, Maler, die fröhliche Bilder malen, Architekten und Handwerker, die natürliche und schöne Räume für Menschen bauen, Gärtner, die Bäume pflanzen und pflegen, Ingenieure, die Geräte entwickeln, welche den Menschen nützlich sind, Landschaftsplaner, welche Orte zur Entspannung schaffen, Coaches, die Menschen bei ihrer Entwicklung begleiten und unterstützen, Gastgeber, die angenehme Begegnungsorte schaffen und vieles mehr. Das sind ein paar wenige der unzähligen Möglichkeiten. Ein Berufsleben mit Glück bringendem Inhalt ist für alle bereichernd. Da bin ich, das Leben, sicher. Und es gibt so viele Berufe mit dazu passenden Inhalten: die Arbeit mit Kindern, Menschen pflegen, auf Bauernhöfen arbeiten, Möbel entwerfen und zusammenstellen, verschiedenste Angebote für die gesamtheitliche Gesundheit, Kurse für die Entwicklung der Menschen anbieten, gesunde Lebensmittel herstellen, Orte für Ferien und Erholung schaffen und vieles mehr. Ich, das Leben, finde das alles sehr spannend. Ich weiß nicht, was mir am liebsten ist. Drei Ideen sind an erster Stelle: Geschichten mit fröhlichem Inhalt schreiben, einen bunten Garten mit Gemüse und Beeren pflegen oder robuste und bequeme Schuhe für Wanderungen produzieren. „Alle diese Ideen sind fantastisch“, sagt die Elfe „für das Glück sind diese erfüllenden Inhalte in der Berufswelt entscheidend. Sie sind die Farben der Blumen. Sie sind seelenvoll.“ Wie ist es mit deinem Berufsleben? Bringt dein Berufsleben Glück für die Menschen?

Gemeinsam gestalten

Gemeinsam etwas zu gestalten, das macht Freude. Es stehen unendlich viele Möglichkeiten offen, gemeinsam etwas zu entwickeln, zu bewegen und mit sinnvollen Inhalten zu füllen. Ich, das Leben, kenne von den hektischen Zeiten das leistungsorientierte Berufsleben. Das war für mich, das Leben, attraktiv. Ich war stark und meist bei den Gewinnern mit dabei. Das sind gute Gefühle im Außen und eine unangenehme Leere im Innern. Ich war reich an materiellen Dingen, an verschiedensten Privilegien und erreichten Leistungszielen. Ich, das Leben, war arm an innerer Fülle, Glück und Freude. Ich hatte das Gefühl für Gemeinschaft und die damit innenwohnende Verbundenheit mit der Natur verloren. Die Elfe hat mir, dem Leben, das Gefühl für Gemeinschaft und die Verbundenheit mit der Natur zurückgegeben. Das hat sie fantastisch gut gemacht. Ich, das Leben, bin nun froh um die Fülle der Gemeinschaft. Diese Fülle zeigt sich im Berufsleben oft. Teams können sich sehr gut selbst organisieren, wenn sie die Ziele kennen, oder noch besser, gemeinsam erarbeitet haben. Menschen und ihre Bedürfnisse, ihre Wünsche und ihre Verbindung zur Natur. Das lebendige gemeinsame Gestalten zeigt sich in verschiedenen Bereichen. Das Team kann sich selbst führen, hierarchische und bürokratische Pyramiden werden durch lebendige Systeme mit Sachkompetenzen und Verantwortungen abgelöst. Menschen können sich in diesen Systemen mit ihrer Ganzheit zeigen, sie brauchen sich nicht zu verstecken. Diese Systeme haben ein gut funktionierendes Eigenleben. „Ich, die Elfe, verwende für die Beschreibung von *gemeinsam Gestalten* ein Bild aus der Tierwelt: Vögel in einem Schwarm. Der Schwarm kann aus Tausenden von Vögeln bestehen und dazu gemeinsam sehr schnell fliegen. Die gesamte Vogelwolke kann rasch die Richtung ändern, ohne zusammenzustoßen. Sie organisieren sich nach Regeln, diese garantieren die Sicherheit des Schwarms. Genauso sind Regeln für die Zusammenarbeit von Teams entscheidend für deren Funktion und Wirken. Ich, die Elfe, mag dieses Bild mit dem Vogelschwarm sehr." Dieses Bild trifft genau den Kern, meine ich, das Leben. Es gibt bestimmt weitere Systeme der Natur, welche das gemeinsame Gestalten einfach und klar darstellen. Ein Wald beispielsweise organisiert sich niemals mit Hierarchieebenen.

„Es ist wie der goldene Funke, der von Herz zu Herz springt und zusammen eine wahre große Kraft entfaltet." Das sagt die Elfe, freut sich über den goldenen Funken in ihrem Herzen und lächelt zufrieden. Wann hast du gemeinsam etwas gestaltet und die goldenen Funken aktiviert? Was möchtest du in Zukunft tun?

Mitarbeitende beteiligen

Mitarbeitende beteiligen ist der nächste Schritt. Formen anbieten, welche die persönliche Entwicklung der Mitarbeitenden fördert. Ich, das Leben, habe verschiedene Vorstellungen, wie das umgesetzt werden kann. In meinem früheren hektischen Leben habe ich ganz gut und komfortabel funktioniert. Persönlich entwickeln konnte ich mich kaum. Das gemeinsame Gestalten und das Beteiligen von Mitarbeitenden berühren mich daher sehr. Das ist eine wunderbare Idee der Elfe. Sie erzählt oft von der Entwicklung von Menschen. Ich, das Leben, habe das vermisst, ohne dies wahrzunehmen. Mitarbeitende können unterschiedlich beteiligt werden. Die Elfe meint: „Im Berufsleben mit dem Herzen mit dabei sein, ist die schönste der Beteiligungen der Mitarbeitenden. Der freudvolle Inhalt ist der erste Schritt, die nächsten Schritte sind mitdenken bei der Entwicklung, Lösungen im Team erarbeiten; Arbeiten aller Art gemeinsam erledigen und Mitarbeitende am finanziellen Erfolg beteiligen sind einige mehr. Ich, die Elfe, kann beim Wandel vom alten zum gemeinsamen System viele unterstützen und begleiten. Das Leben kennt das. Und hat, so meine ich, die Elfe, gute Erfahrung damit gemacht." Die Elfe kennt vieles und unterstützt alle beim Wandel vom alten zum gemeinsamen System. Sie mischt sich nicht ein, ohne gefragt zu werden. Auf Fragen freut sie sich. „Ich, das Leben, kenne die Elfe, meine Freundin, sehr gut. Sie kann helfen, sie hat ein umfangreiches, auf die Zukunft fokussiertes Wissen, und sie ist liebevoll zu allen und zu allem. Sie urteilt nie. Sie macht Angebote und erklärt diese, mit wunderbaren Worten und oft in Bildern. Ich, das Leben, bin dankbar für alles, was die Elfe mich gelernt hat. Ich, das Leben, stecke mitten in diesem Wandel. Wie weit dieser fortgeschritten ist, weiß ich nicht genau. Ich schätze so etwa in der Hälfte. Sicher ist, es geht mir gut dabei." Das Leben hat oft Mut gezeigt und die alten Strukturen hinter sich gelassen, das war viel Arbeit. Die Elfe lobt das Leben: „Leben, ich freue mich über all das, was du schon erreicht hast. Ich weiß, du hast oft die gewohnte Seite des Lebens verlassen, bist mit Mut und Freude die neuen Wege gegangen. Ich, die Elfe, danke dir dafür." Das Leben macht vor Freude Luftsprünge. Es freut sich auf die nächsten Schritte. Ein möglicher nächster Schritt ist, weniger Tage im Berufsleben zu verbringen. Wie wäre es, vier anstatt fünf Tage zu arbeiten? Wie fühlt sich das an? Was würdest du mit dem zusätzlichen freien Tag machen? Bücher lesen oder schreiben, mit deiner Familie zusammen sein, dich mit Menschen treffen und austauschen, wandern, in der Natur sein und mehr. Du könntest viele der Momente im Alltag, Pausen und Begegnungen ausprobieren. Was meinst du, ist das etwas für dich?

Einfach tun

Ich, das Leben, bin sicher, die Elfe und ich haben gemeinsam viel erreicht. Für mich, das Leben, ist als Nächstes *einfach tun* an der Reihe. Das heißt beispielsweise den Mitarbeitenden Aus- und Weiterbildungen anbieten. Das kann gut auch etwas sein, was sie persönlich weiterentwickelt, woran sie Freude haben oder was sie begeistert. „Leben, was tust du für dich? Welche Aus- oder Weiterbildung würdest du wählen?“, fragt die Elfe das Leben. „Hm, mich interessiert vieles, eine Weiterbildung zu Achtsamkeit im Berufsleben, eine weitere Sprache lernen, um auf Reisen mit den Menschen zu sprechen, oder eine Ausbildung zu sinnstiftenden Formen der Zusammenarbeit. Das sind drei Möglichkeiten, die mich sehr interessieren, und dies mit dem Berufsleben zu verbinden ermöglicht einen Gewinn für alle.“ Das gefällt mir, dem Leben, das motiviert mich und macht Freude. Mehr Schritte im Tun kennt die Elfe, da bin ich, das Leben, sicher. „Der nächste Schritt, das ist die Idee von mir, der Elfe, ist gemeinsam an einem sozialen oder nachhaltigen Projekt mitzuarbeiten. Das kann etwas Einfaches sein, wie Bankgespräche anbieten. Zum Beispiel im Stadtpark Menschen zum Gespräch einladen. Einen Tag lang Bäume pflanzen. Ein Essen kochen und unbekannte Personen zum Essen einladen. Oder eine Woche lang in einem Naturpark arbeiten. *Einfach tun* – das ist das Wesentliche. Im Team mit etwas Kleinem anfangen, beobachten und mit etwas Größerem weitermachen. Ich, die Elfe, finde das genial, das stärkt das Team und die persönliche Entwicklung jedes Einzelnen.“ Das gefällt mir, dem Leben, auch, etwas zusammen für die Gemeinschaft tun. Da gibt es nicht viel dazu zu sagen. Wie ich die Elfe kenne, hat sie weitere Ideen parat. „Ja, ich, die Elfe, habe noch weitere Ideen. Ich finde es wichtig, die Zusammenarbeit mit Firmem, welche auch an der gemeinsamen freudvollen Zukunft arbeiten, zu pflegen. Sich bei der Zusammenarbeit möglichst für gleichgesinnte Firmen entscheiden. Das schafft Glaubwürdigkeit und Vertrauen. Im Berufsleben ist es viel einfacher und entspannter, mit Personen und Firmen zusammenzuarbeiten, welche die gleichen Werte leben. Das sind die drei einfachen und klaren Schritte zu *einfach tun*. Ich, die Elfe, kenne noch viele mehr. Jetzt heißt es, die drei Schritte einfach tun. Ich, die Elfe, freue mich sehr, das bringt Glück und Freude für alle."

Das tun, was guttut

Tut mir das gut? Das, so finde ich, das Leben, ist eine klärende Frage. Die Antwort ist mir, dem Leben, nicht immer präsent. Und manchmal ist die Antwort nicht die, die ich mir gewünscht hätte. Diese Frage bei den Momenten im Alltag zu stellen, das passt für mich gut. Wie ist es im Berufsleben? Was brauche ich im Berufsleben, um glücklich zu sein? Was tut mir im Berufsleben gut? Das sind Fragen. Ich, das Leben, bin sicher, die Fragen haben Platz im Berufsleben, mehr noch, es ist sehr wichtig, diese Fragen zu beantworten. Was tut mir, dem Leben, gut? Für den Alltag kenne ich, das Leben, diese Antworten bestens. Es ist die Natur ganz allgemein, Aufenthalte in der Natur, mit Menschen zusammen sein, die mir guttun, gutes frisches Essen, ein angenehmer Wohnraum, die Freiheit, selbst zu entscheiden, was ich mache und was nicht, und vieles mehr. Die Antworten helfen mir, dem Leben, den Alltag, meinen Alltag, selbst zu gestalten. Ich bin damit mein eigener Gestalter im Alltag. Ist das auch im Berufsleben möglich? Da sagt meine wunderbare Freundin, die Elfe, gerne etwas dazu. „Ja, ich, die Elfe, sage sehr gerne etwas dazu. Und ja, die Frage nach dem, *was guttut*, ist im Berufsleben sehr wichtig. Vielleicht auch deshalb, weil es meist ungewohnt ist. Ich, die Elfe, empfehle, diese Frage speziell im Berufsleben zu stellen. Die Wirkung ist groß. Du, Leben, wirst es erfahren, wenn du möchtest. Die Antworten zu dieser Frage ermöglicht es dir, frei zu sein und lebendig zu bleiben. Du kannst auch Gestalter deines Berufslebens sein. Du kannst für dich entscheiden, was wichtig ist, und Schritt für Schritt das tun, was dir guttut. Probiere es aus. Die Frage stellen und die Antwort annehmen, das ist ein bildhafter, liebevoller Umgang mit dir selbst." Das sind die

Worte der Elfe. Ich, das Leben, nehme mir das zu Herzen und werde mich auch im Berufsleben fragen, ob mir das oder jenes guttut. Wie ich mit den Antworten umgehe, das weiß ich noch nicht. Sicher ist, ich, das Leben, wünsche mir auch im Berufsleben das zu tun, was mir guttut, und ich werde mit den Antworten achtsam umgehen, diese annehmen und Gewohntes ändern. Ich, das Leben, freue mich darauf.

Die Elfe meint: „Liebevoll mit sich selbst umgehen, das führt zu Freude und Glück."

Das Glück im Berufsleben finden

Glückliche Momente im Berufsleben sind eine wichtige Basis für das Glück aller Momente, ganz besonders für die Momente im Alltag. Das habe ich, das Leben, von den Momenten gelernt und dank der friedvollen Begleitung der Elfe. Gefühlt bin ich oft über meinen Schatten gesprungen, habe eigene Vorstellungen aufgegeben, habe mich von meinem inneren Kompass leiten lassen und bin unbekannte Wege gegangen. Das hat sich gelohnt, da bin ich, das Leben, sicher. Ich freue mich sehr, das Glück im Berufsleben erfahren zu haben, und ich bin sicher, das wird auch so bleiben. In meinem früheren Berufsleben, dem hektischen Alltag, war das nicht so, logisch. Nach den vielen erlebten Momenten ist mir, dem Leben, weiter klar, das mit dem Gleichgewicht zwischen Arbeiten und Leben war und ist eine Falle. Die eigene Energie und die Kraft bei der Arbeit zu verbrauchen, um diese mit viel Anstrengung im privaten Alltag, meist in der Freizeit und in den Ferien, wieder aufzutanken. Ich, das Leben, frage mich, ob dieses Konzept glücklich machen kann. Eher nicht. Die Elfe sagt dazu: „Glück, Freude und Zufriedenheit sind im Berufsleben wichtig. Im Berufsleben täglich etwas für die Glücksgefühle zu tun gehört dazu. Es ist das, was das Leben von den Momenten im Berufsleben gelernt hat. Das, weiß ich, die Elfe, ist zentral." Das trifft genauso zu. Das habe ich, das Leben, nun gelernt. Wie kann das Glück im Berufsleben erlebbar werden? Das, so finde ich, das Leben, ist wichtig. Und ich könnte mal wieder meine Freundin, die Elfe, sprechen lassen. „Ja, Leben, das kannst du, ich, die Elfe, kenne mögliche Erklärungen. Und ich bin sicher, es gibt viele stimmige Beschreibungen. Zum Beispiel die folgende, sie besteht aus vier Teilen. Teil eins: die eigene innere Einstellung mit dem Fokus auf das Gelingen und die Freude. Teil zwei: ein angenehmer Arbeitsort: stimmig, zum Wohle aller eingerichtet, also zum Wohlfühlen. Teil drei: authentisch sein können, auch Ideen einbringen und die eigene Meinung vertreten dürfen. Teil vier: Wertschätzung erleben, sich geschätzt fühlen und emotional bei der Sache sein. Diese vier Teile bieten einen kleinen Einblick in den Wandel zu einem glücklichen Berufsleben."

Ich, das Leben, habe selbst erfahren, wie es ist, im Berufsleben glücklich zu sein. Für mich wichtig ist das innere Wachsen und das Entfalten. Ich freue mich sehr über alles, was ich erlebt habe, was ich gelernt habe, wie ich persönlich gewachsen bin und wie ich mich entfaltet habe. Das alles haben die verschiedenen Momente im Berufsleben zusammen mit allen anderen Momenten möglich gemacht. Mit den Momenten im Berufsleben bin ich am meisten persönlich gewachsen und habe mich entfaltet. Das erfüllt mich mit Freude und Zufriedenheit. Ich, das Leben, erkläre dir gerne, was ich damit meine. Das persönliche Wachstum, das ist, wie wenn bei einem Puzzle immer mehr einzelne Teile zu einem gesamten Bild zusammengefügt werden. Die einzelnen Teile entstehen mit den Momenten und den Erfahrungen, den Erlebnissen und den Emotionen. Das gesamte Bild wird klarer, stärker, schöner und liebevoller. Einzelne passende Teile können immer wieder hinzugefügt werden. Passend sind die Teile, wenn sie einzeln und zusammen ein Stück zum Glück beitragen. Das gefällt mir, dem Leben. Und ich freue mich über jedes neue Teil des Puzzles, einzeln und als Teil des gesamten Bildes. Das ist meine bildhafte Erklärung zu *persönlich wachsen*. Wie ist die Erklärung zu *mich entfalten?* Das ist einfach beschrieben, wenn ich so sein kann, wie ich bin. Das ist, wie wenn ein kleiner grauer Schwan erwachsen wird. Er zeigt seine wahre Größe, seine Schönheit und sein ganzes Können. Zusammen mit anderen erwachsenen Schwänen bilden sie ein

Team, welches sich gegenseitig hilft. In der Gruppe erreichen sie mehr als jeder Schwan einzeln, und jeder einzelne kann seine Fähigkeiten zeigen. Sich mit allen Eigenheiten und Fähigkeiten zeigen können, das ist im Berufsleben entscheidend. Ich, das Leben, freue mich sehr darüber, dass mir das gelungen ist.

„Diese Momente füllen das Berufsleben mit Sinn, das Berufsleben wird sinnhaft. Das sage ich, die Elfe. Das Leben beschreibt das persönliche Wachsen und sich Entfalten wunderbar und verständlich, da sage ich nichts dazu. Das Leben hat das hervorragend gemacht."

Diese Worte der Elfe berühren das Leben. Wie schaut es in deinem Berufsleben aus?

SCHLUSSWORT

Glück, das wünsche ich mir, dem Leben, von Herzen, für die ganze Welt und für mich. Das wahre Glück, welches sich aus dem angenehmen, guten Gefühl und dem dauerhaften echten Glück zusammensetzt. Dieses dauerhafte echte Glück entsteht, wenn wir in Harmonie mit der Natur leben und unser wahres Wesen sich entfalten kann. Das hat mir, dem Leben, die Elfe erzählt, und einen großen Teil davon habe ich mit den verschiedenen Momenten bereits erlebt und kann davon berichten. „Ich, die Elfe, freue mich sehr über die Worte des Lebens. Und über die verschiedenen Erfahrungen des Lebens mit den Momenten und mir, der Elfe. Ich danke dem Leben für die Fragen, die gemeinsamen Erlebnisse, die unterschiedlichsten Ideen und Erklärungen und so vieles mehr. Ich, die Elfe, freue mich über die Entwicklung des Lebens. Weg vom hektischen Alltag zu einem achtsamen und bewussten Alltag mit wahrem Glück. Das Leben hat vieles für den achtsamen und bewussten Alltag einfach gemacht. Klar, das hat manchmal auch Mut verlangt und Vertrauen in die Momente gefordert. Wie können wir Glück in einem umfassenden Sinn betrachten? Das frage ich, die Elfe, und ich bin sicher, es gibt verschiedene Vorstellungen. Eine davon beschreibt das wahre Glück mit drei Teilen. Das Glück, mit sich selbst in Harmonie zu sein. Das Glück, mit den Mitmenschen in Harmonie zu sein. Das Glück, mit der Natur in Harmonie zu sein. Mir, der Elfe, gefällt diese Beschreibung richtig gut." Diese Vorstellung mit dem Glück finde auch ich, das Leben, wunderbar. Diese stimmigen, harmonischen Verbindungen mit sich selbst, mit Mitmenschen und mit der Natur sind das, was ich, das Leben, mit den Momenten erfahren und von den Momenten gelernt habe.

Wie können diese harmonischen Verbindungen gestärkt werden? Das ist einfach. Die verschiedenen Momente und viele mehr zeigen, wie das geht. Meist brauchen sie wenig Zeit und kosten nichts. Ich, das Leben, bin dankbar dafür.

„Was gibt es noch?“, frage ich mich, das Leben. Was ich gelernt habe, ist nicht, nach dem kurzen großen Glück und dem damit verbundenen Hochgefühl zu streben. Sondern die vielen kleinen Glücksmomente bewusst wahrzunehmen und mich darüber zu freuen. Dazu braucht es keine große Anstrengung, auch kein Bestreben nach berauschenden Glücksmomenten. In Gelassenheit die vielen kleinen Glücksmomente zu erkennen, mit allen Sinnen wahrzunehmen und zu genießen, das ist alles. Die Elfe kennt ein passendes Bild dazu. „Ich, die Elfe, stelle mir das Glück wie Schmetterlinge vor. Möchte ich es einfangen, so entwischt es immer wieder. Die vielen verschiedenen Schmetterlinge, die es gibt. Das ist ein wahres Geschenk der Natur. Kleine, größere, bunte und einfarbige, mit unterschiedlichen Mustern, verschiedenen Formen der Flügel, matten und glänzenden Farben, sanften und kräftigen Farben, sind nur einige der Variationen. Wenn sie ruhen und ihre Flügel ausbreiten, zeigen sie ihre Schönheit. Wenn sie fliegen, zeigen sie, wie zart und zerbrechlich sie sind. Ich, die Elfe, liebe Schmetterlinge.“ Ich, das Leben, bin von Schmetterlingen berührt, von der Entfaltung der kleinen Raupe zum frei fliegenden Schmetterling. Diese Entfaltung des Schmetterlings ist für mich, das Leben, wie wachsen mit den verschiedenen Momenten. Vom hektischen Alltag zum Alltag mit den Momenten und den Momenten mit Pausen, Begegnungen und im Berufsleben. Das ist wahres Glück, große Freude und innere Zufriedenheit.

Ich, das Leben, mag Bäche, staune, wie das klare Wasser fließt und wie es von der Natur berührt wird. Von den Wiesen, den Felsen, den Steinen, den Landschaften, den Pflanzen, Bäumen, Blumen, Tieren, der Sonne, dem Wetter und mehr. Ich liebe es, mich an einen Bach zu setzen. Zu sehen, wie das Wasser sprudelt und gurgelt. Ich, das Leben, bin fasziniert vom Fluss des Wassers. Er hat keinen Anfang und kein Ende, er ist einfach da. Die Wassermenge verändert sich, die Geschwindigkeit, Turbulenz und Temperatur genauso. Der Bach ist immer im Fluss. Ich, das Leben, wünsche mir, dass dies mit den Momenten gleich funktioniert. Sie verändern sich und sind immer da. Meine Freundin die Elfe, die mag das auch, da bin ich mir sicher. „Oh ja“, jubelt die Elfe, „die Bäche als Teil der Natur, die sind wunderbar, sie sind sanft und stark zugleich. Sie sind voller Energie. Sie sind in Bewegung, im Fluss. Das ist wie mit den Momenten. Das Leben hat erfahren, wie angenehm diese sind und wie sie im Fluss sind. Ich, die Elfe, bin sicher, das Leben wird weiter reich an Momenten sein. Wie das Wasser im Bach, manchmal ist es mehr, manchmal weniger. Das Leben wird die Momente nicht angestrengt suchen, sie werden da sein, so wie das fließende Wasser im Bach. Zwischen dem Leben und den Momenten ist eine starke Verbindung entstanden, diese Verbindung wird das Leben nun begleiten, zusammen mit mir, der Elfe.“

Mit allen Sinnen die Momente wahrnehmen, das habe ich, das Leben, gelernt, und das ist eine große Bereicherung. Ich, das Leben, beschreibe das so: Momente mit allen Sinnen wahrzunehmen ist eine angenehme Pause im Jetzt. Vergangenes, im Kreise drehende Gedanken, Fragen an die nahe und entfernte Zukunft versinken im Jetzt. Die Wahrnehmung richtet den Fokus auf Farben, Formen, Figuren, Düfte, Geschmack, Töne, Klänge, Stimmen, Temperaturen, Oberflächen und vieles mehr. Die Momente werden reich an Eindrücken, die Zeit ist nicht wichtig, was zählt ist nur das, was wahrgenommen wird. Das ist wie das Wasser im Bergbach, es ist einfach da. Die Wahrnehmung mit allen Sinnen macht die Momente reich und wertvoll. Ich, das Leben, freue mich. Meine wunderbare Freundin, die Elfe, weiß bestimmt noch etwas zu erzählen, zur Wahrnehmung mit den Sinnen und mehr. Die Elfe erzählt freudig: „Ja, zu den Sinnen und dem Erleben mit den Sinnen habe ich weiteren Inhalt. Ich, die Elfe, zähle zu den Sinnen auch die Verbindung mit dem Herzen und die Verbindung zur Natur. Die Verbindung zum Herzen ermöglicht, alle Momente mit Liebe wahrzunehmen und zu füllen. Ich meine die wahre Liebe ohne Ansprüche und ohne Bedingungen. Ich, die Elfe, spüre auch klar, wie sich das anfühlt, ist es weich, warm und ist der Moment voll von Liebe. Und ich wünsche mir mehr davon. Das kann ich, die Elfe, gut wahrnehmen, und ich bin sicher, das Leben kann das auch. Die Momente werden noch wertvoller, liebevoll vielleicht. Die Verbindung mit der Natur, der Lebendigkeit und der Schönheit, das ist für mich, die Elfe, auch wie ein Sinn. Diese Verbindung mit der Natur, so sehe ich, die Elfe, das, füllt die Momente mit Inhalt. Sie ist wie das Wesen der Momente. Die Natur ist reich an allem. Die Verbindung mit der Natur ist für mich, die Elfe, die Energie für alle Momente. Diese Verbindung füllt die Momente mit Sinn. Für mich, die Elfe, ist die Verbindung zum Herzen und die Verbindung zur Natur etwas sehr Großes und Wichtiges." Ich, das Leben, liebe diese Inhalte der Elfe. Sie sind mir, dem Leben, manchmal fremd. Das ist eine Eigenart der Elfe und der Freundschaft mit der Elfe. Sie sorgt für Überraschungen. Das habe ich, das Leben, nun schon oft erfahren. Ich, das Leben, vertraue der Elfe. Die Verbindung zum Herzen und die Verbindung zur Natur berühren mich, das Leben. Diese Verbindungen beschreiben den Inhalt, die Energie der Momente. Ich, das Leben, suche nach einer Beschreibung, nach einem Bild dazu. Es ist wie die wärmenden Sonnenstrahlen, wie das Leuchten einer Blume oder die Schönheit einer alten Linde. Es ist liebevoll, friedlich und voller Energie. Da freut sich mein Herz. Ich, das Leben, bin dankbar für alle liebevollen Inhalte und Ideen der Elfe. Das ist wahres Glück.

Alles mit Freude und Liebe tun, das habe ich, das Leben, von der Elfe und mit den Momenten gelernt. Das kann mit wenigen Worten beschrieben werden. Wie gelingt das, alles mit Freude und Liebe zu tun? Achtsam sein, mit den Sinnen die Momente wahrnehmen, auf das Gute blicken. Das übe ich, das Leben, jeden Tag. Ich, das Leben, bin dankbar für alle diese Momente und die wunderbare Freundschaft mit der Elfe. Beides, das habe ich für mich gelernt, tut mir, dem Leben, gut. Ich bin im Herzen dankbar für alle diese Momente und die Freundschaft mit der Elfe. Beides erfüllt mich mit Freude und Liebe. Meine Freundschaft mit der Elfe ist liebevoll. Die Elfe hilft mir, dem Leben, wenn ich nicht weiterweiß, sie hat wertvolle Ideen, Vorschläge und Erklärungen. Sie macht Angebote, und ich, das Leben, kann immer frei entscheiden, ob ich diese Angebote annehme oder nicht. Diese Qualität von Freundschaften, das ist das, was glücklich macht. Ich, das Leben, bin mir sicher, die Elfe begleitet mich als beste Freundin weiter. Ich wünsche mir und allen Menschen Freundschaften dieser liebevollen Art.

„Das habe ich noch nie probiert, deshalb bin ich mir sicher, dass es gelingt", sagt die Elfe, macht eine kurze Pause und spricht weiter: „Ich, die Elfe, mag diese Idee sehr. Dinge einfach ausprobieren und schauen, was geschieht, das bringt mir, der Elfe, Glück und Freude. Ich freue mich auf alles, was für mich neu ist, und ich mach es einfach. Die vielen Erfahrungen, Erlebnisse, Emotionen, Begegnungen und Momente, die mir damit geschenkt werden, sind großartig. Das fühlt sich für mich, die Elfe, gut an. Das Leben hat das mit den Momenten auch so gemacht. Viele der Momente waren für das Leben neu. Das Leben hat sich auf viel Neues, Fremdes eingelassen. Ich, die Elfe, finde, das Leben hat das hervorragend gemacht."

Die verschiedenen Momente im Alltag, durch Pausen, mit Begegnungen und im Berufsleben sind lebendig, immer in Bewegung, voller Energie, harmonisch aufeinander abgestimmt, friedlich und lehrreich. Wie ein Schwarm Fische im Meer, die gemeinsam umherschwimmen, jeder für sich und alle zusammen. Die Momente bringen neue, friedvolle und reiche Erlebnisse. Sie sind wie Schmetterlinge, bunt und fröhlich. Die Momente bilden ein Netzwerk aus Erlebnissen, der Wahrnehmung, den Emotionen und dem inneren Wachstum. Die Natur kennt verschiedene Netzwerke und Verbindungen. Eindrücklich ist das Netzwerk im Wald. Das Zusammenspiel von Bäumen, Sträuchern, Pflanzen, Blumen, Insekten, Säugetieren, Vögeln und mehr ist beeindruckend. Die zarten Blumen am Boden, welche im Frühling, bevor die Bäume Blätter bilden und die Sonne auf den Waldboden scheint, blühen. Bäume, die über die Wurzeln und den Boden gut zu ihren Jungbäumen schauen. Bäume, die untereinander Informationen austauschen. Die Blätter, welche Jahr für Jahr Nährstoffe für den Boden liefern.

Tiere, welche sich von den Samen der Pflanzen ernähren. Ein System, welches aus einzelnen Pflanzen und Tieren besteht, die sich gemeinsam im System entfalten und wirken. Gemeinsam zu etwas Größerem zusammenfindet. Das ist mit den Momenten sehr ähnlich, gemeinsam bilden sie etwas Größeres als alle einzelnen in der Summe. Sie sind ein Angebot für mehr Glück und Zufriedenheit.

Das Leben meint: „Mit den Momenten habe ich das wahre Glück gefunden.“ Die Elfe freut sich und sagt: „Ich, die Elfe, umarme das Leben und freue mich über das gefundene Glück.“

IDEEN FÜR EIN GLÜCKLICHES LEBEN

Was machst du für das Glück in deinem Leben?

Das Leben, zusammen mit der Elfe, hat das Glück kennen- und schätzen gelernt. Das haben wir alle in den Geschichten mit der Elfe miterlebt. Wir alle konnten bei der Entwicklung des Lebens zu mehr Glück live mit dabei sein. Es hat eigene Wünsche geweckt, Mut gemacht, Herzen berührt, Sehnsüchte entstehen lassen und Freude bereitet. Wir alle haben es von den Geschichten gelernt: Vieles braucht keine Zeit und kostet nichts. Jetzt bist du dran. Welche Geschichte des Lebens mit der Elfe hat dich besonders berührt? Über welche Geschichte hast du dich am meisten gefreut? Bei welchen Geschichten wärst du gerne mit dabei gewesen? Welche Geschichten haben dein Herz erwärmt?

In den folgenden Checklisten mit den Momenten sind die Geschichten des Lebens mit der Elfe der Reihe nach aufgeführt. Es sind die Momente, die glücklich machen und Freude bereiten:

- Momente im Alltag
- Momente durch Pausen
- Momente und Begegnungen
- Momente für das Berufsleben

Die Listen sind Angebote, um selbst etwas zu tun. Sie sind längst nicht vollständig. Es gibt noch viele Momente mehr, die glücklich machen und Freude bereiten. Das Leben und die Elfe laden dich ein, einige der Momente auszuprobieren und eigene zu kreieren. In den Spalten rechts kannst du notieren, wie wichtig dir einzelne Momente sind. Und es gibt genügend Platz, um gleich ein paar eigene Ideen zu notieren.

Es macht Spaß, bringt Freude, lässt dich Neues erleben, und du wirst sehen, wie gut es dir tut. Mach es wie das Leben in den Geschichten, probiere es einfach aus. Und vielleicht hast du gute Freunde, welche dich wie die Elfe begleiten und unterstützen.

Momente im Alltag

	+	++	+++
Ruhepause auf dem Sofa			
Der ruhende Blick ins Grüne			
Freude erleben			
Natur in den Alltag einladen			
Gutes, natürliches Essen			
Angenehme Räume zum Wohnen			
Friedliche Umgebung zum Wohnen			
Glücklich mit wenig			
Zeit für Schönes			
Den gewohnten Alltag anders gestalten			
Das Gleichgewicht im Alltag finden			
Zeit, um alleine zu sein			
Wertschätzung im Alltag			
Alltägliches mit Liebe tun			
Humor in den Alltag einladen			
Die Stille als Kraftquelle nutzen			
Bewusstsein schaffen			

Momente durch Pausen

	+	++	+++
Ein Ausflug an einen See			
Pausen der Ruhe			
Wanderung zu einem Aussichts-punkt			
Ein Bild malen			
Ein Konzert besuchen			
Aufenthalt in der Natur			
Schöne Momente sammeln			
Ein Buch lesen			
Eine Reise an einen unbekann-ten Ort			
Den Alltag tauschen			
Zeit an einem anderen Ort ver-bringen			
Tagebuch der Dankbarkeit			
Zeit zum Träumen			
Singen und Summen			
Wege zu Fuß gehen			

Momente und Begegnungen

	+	++	+++
Gespräch mit einem alten Freund			
Einander aufmerksam zuhören			
Eine liebevolle Umarmung			
Begegnungen mit einer weisen Frau			
Der Adler im Wind			
Begegnungen mit der Freude			
Begegnungen mit einem Lindenbaum			
Begegnungen im Alltag			
Begegnungen mit mir, dem Leben			
Begegnungen mit dem Vertrauen			
Spielende und lachende Kinder			
Begegnungen mit Freunden aus der Jugendzeit			
Gespräche beim Gehen			
Begegnungen mit einer Wanderreisenden			
Begegnungen mit guten Freunden			
Begegnungen mit einer Malerin			
Begegnungen mit der Natur			
Begegnungen mit einer Blumenverkäuferin			
Begegnungen mit Menschen und ihren Geschichten			
Begegnungen mit fröhlichen Menschen			

Momente für das Berufsleben

	+	++	+++
Alles zur richtige Zeit tun			
Für die Natur arbeiten			
Mit dem Herzen entscheiden			
Weniger Zeit im Berufsleben verbringen			
Mit wenig Aufwand zum Ziel			
Arbeit für das Glück der Menschen			
Gemeinsam gestalten			
Mitarbeitende beteiligen			
Einfach tun			
Das tun, was gut tut			
Das Glück im Berufsleben finden			

Das Leben hat sich mit liebevoller Unterstützung der Elfe für mehr Glück entschieden und Glück und Freude erlebt. Wie ein Same, der keimt, ein Pflänzchen, das daraus entsteht und später zu einem kraftvollen Baum wird. Die Bäume sind verschieden wie die Momente, kleine und große, bunte mit Blüten und einfarbige, längliche und runde, immergrüne und solche, die die Blätter wechseln. Das Angebot ist groß, du kannst wählen, welche du magst.

Als kleines Kind hast du laufen gelernt. Du hast viele Versuche gewawgt, bist hingefallen, wieder aufgestanden, immer wieder. Erst hast du dich an Gegenständen gehalten, bist die Wand entlanggelaufen, du hast Hilfe von deinen Eltern und Freunden angenommen. Du warst vielleicht auch mal wütend, verunsichert, ängstlich und zaghaft. Du hast geübt, bis du es geschafft hast, frei und alleine zu laufen. Deine Freude über diesen Schritt war bestimmt sehr groß. Ein Moment voller Glück.

Kennst du das? Du lernst eine Sprache, welche in dem Land gesprochen wird, welches du von Herzen gerne bereisen möchtest. Du übst Worte, Begriffe, Sätze, Dialoge und typische Gesten. Du setzt dich hin, übst für den Wortschatz, schaust Filme in dieser Sprache, hörst Lieder in dieser Sprache, triffst Menschen, welche diese Sprache sprechen. Du machst Fortschritte, kannst ein Hotelzimmer reservieren, dein Essen bestellen und nach dem Weg fragen. Du freust dich auf die Reise. Mit der Landessprache im Gepäck reist du in das Land deines Herzens. Du triffst viele Menschen unterwegs, in Läden, in Restaurants und einfach am Wegesrand. Du erlebst, wie du mit den Menschen sprechen kannst, wie sich die Menschen im Land deines Herzens über die Begegnung mit dir freuen. Sie zeigen dir das mit ihrem Lachen im Gesicht, sie schenken dir Geschichten aus ihrem Alltag, du wirst reich beschenkt und lernst unglaublich viel über dich und für dein Leben. Das sind Momente voll Glück und Freude.

Erinnerst du dich an deine Jugendzeit? Du wolltest zusammen mit deinen Freunden erstmals ohne die Eltern ans Meer fahren. Du hast von Freiheit geträumt, dir zusammen mit den Freunden vorgestellt, wie unendlich toll das ist. Wie ihr gemeinsam mit dem Auto eines Freundes in den Süden fahrt, über Pässe, auf Autobahnen und entlang von Dörfern. Das Auto war wie euer Zuhause, das Motorengeräusch eure Begleitung. Ihr seid einfach los und habt euch auf das Abenteuer eingelassen. Unterwegs habt ihr die Freiheit kennengelernt, am Meer eindrückliche Erlebnisse gesammelt und euch amüsiert. Ihr wart glücklich und habt euch über das Gelingen der Reise gefreut. Später in deinem Leben wurde diese Reise ein Anker des Gelingens für neue unbekannte Abenteuer.

Hast du dir schon einmal selbst ein Kleid genäht? Du hast in einem Film ein Kleid gesehen, welche dich fasziniert hat. Du stellst dir vor, wie es sich anfühlt, dieses Kleid zu tragen, wie schön es aussieht und mit welchem Stoff du das Kleid nähen möchtest. Du entscheidest dich, dir dieses Kleid zu nähen. Du gehst in einen Stoffladen, schaust dir verschiedene Stoffe an, lässt die Stoffe über deine Hände gleiten und spürst, wie sie sich als Kleid anfühlen könnten. Die Auswahl an Materialien, Beschaffenheit, Farben und Mustern ist groß. Du wählst einen leichten Stoff, der sich in deinen Händen gut anfühlt, du wählst einen Stoff in warmem Gelb ohne Muster. Du kaufst dazu das Schnittmuster, passenden Faden und Knöpfe. Zu Hause setzt du dich an die Nähmaschine. Es braucht seine Zeit, bis das Kleid fertig genäht ist. Du merkst, das wird ein richtig tolles Kleid. Und endlich kannst du es das erste Mal anziehen, stehst damit vor dem Spiegel, und es schaut richtig toll aus, so wie du dir das auch vorgestellt hast, noch schöner sogar. Und es fühlt sich richtig gut an, dieses Kleid zu tragen. Du freust dich sehr über das Kleid, das du für dich genäht hast, das ist pures Glück.

Kennst du das? Du begegnest wie aus dem Nichts Menschen, die Glück ausstrahlen. Das kann im Alltag sein. Beispielsweise wenn du durch die Straßen gehst. Du siehst eine bekannte

Person und sprichst ein paar Worte mit ihr. Du erkennst es an den Worten, der Mimik und dem Wesen, diese Person ist glücklich. Sie erzählt etwas aus dem Alltag, etwas, was sie kürzlich erlebt hat, oder einfach, wie es ihr geht. Sie ist fröhlich. Und du merkst, du brauchst nicht zu fragen, wie es ihr geht. Ein anderes Beispiel: Du kaufst etwas, zum Beispiel ein neues Paar Schuhe, und die Verkäuferin ist fröhlich, freut sich, dir die schönen neuen Schuhe zu zeigen, spricht aus dem Herzen freundliche Worte mit dir und ist aufmerksam. Du fühlst dich wohl und weißt in genau diesem Moment vielleicht gar nicht, weshalb. Oder bei der Arbeit, es ruft dich ein Kunde an. Erzählt in wenigen warmen Worten, was er macht und wie es ihm geht. Er fragt dich, wie es dir geht, ist an der Antwort interessiert und freut sich mit dir über deine Geschichten und dein Befinden. Das tut gut, und du bist sicher, dieser Kunde ist zufrieden und glücklich. Manche dieser Begegnungen sind ohne Worte, vielleicht ein fröhlicher Blick, ein Lachen, eine andere Geste. Das alles sind dankbare Momente des Glücks.

Ist dir schon aufgefallen, wie du glückliche Menschen beobachtest? Sie ziehen deine Aufmerksamkeit an, und du bist von diesen Menschen berührt. Eine Sportlerin steht auf dem Siegespodest, die Medaille wird ihr überreicht, noch Blumen dazu, sie jubelt mit dem ganzen Körper, schmeißt die Arme hoch und zeigt, wie sie von den Emotionen berührt ist. Tränen des Glücks gehören auch dazu. Du bist in einem Konzert, beobachtest die Sänger(innen) auf der Bühne, sie sind wie verschmolzen mit ihrer Musik, ihren Liedern und dem Publikum. Sie tanzen zur Musik. Ganz klar, das macht ihnen Spaß. Berührt dich das? Du beobachtest ein Paar, welches liebevoll miteinander umgeht, sich an den Händen hält und immer wieder einander freudvoll anschaut. Du bist mit einem guten Freund im Restaurant, er erzählt dir von seinem Leben, was ihm gelungen ist, wo es auch manchmal etwas streng war. Er erzählt dir voll Freude von seinen Ideen für die Zukunft. Eine größere Reise hat er schon geplant. Für die Zeit nach der Reise hat er verschiedene Ideen; was er genau machen wird, weiß er noch nicht. Du erkennst, alle diese Ideen sind voll Freude, und dein Freund ist glücklich mit sich und seinem Leben. Oder ein Kind ist auf dem Heimweg von der Schule, es summt ein Lied vor sich hin, hüpft dazu und hat keine Eile. Eine Frau sitzt auf einer Bank, sie schaut in die Natur, lässt sich von der Sonne wärmen und träumt ihre Träume. Sie nimmt sich Zeit, um eine Weile auf der Bank zu sitzen und zu sein.

Wie ist deine Erfahrung mit Herzensprojekten? Das sind kleine und große Projekte, kleine und große Wünsche vielleicht, etwas, was du erschaffen möchtest, etwas, was du verändern möchtest, etwas, was du dir schon lange wünschst, etwas, was du erreichen möchtest, etwas, was du lernen möchtest. Vielleicht wünschst du dir einen neuen angenehmen Wohnraum oder an einen See zu ziehen. Oder du wünschst dir in ein friedliches Land zu ziehen, um dort Heimat zu finden. Ist es, eine eigene Firma zu gründen, dein Berufsleben zu verändern, weniger Zeit im Berufsleben zu verbringen, oder auch mehr? Möchtest du mehr Liebe erfahren? Wünschst du dir mehr Zeit in der Natur zu verbringen? Wünschst du dir mehr Zeit mit Freunden zu verbringen? Möchtest du mehr Zeit für dich alleine haben? Was immer deine Herzenswünsche sind, sie bringen Glück. Hast du einen Freund oder eine Freundin, welche dich in der Art der Elfe begleiten kann? Mit liebevoller Unterstützung, mit Angeboten, mit Vorschlägen und mit einem aufmerksamen Ohr. Und mit der Freiheit, dass du entscheiden kannst, wie du deine Herzensprojekte umsetzen magst.

DANK

Als Autorin dieses Buches danke ich für alle Momente in meinem Leben. Es ist ein Leben voller Leben, mit vielen eigenen Wegen und wunderbaren, berührenden Begegnungen mit so unterschiedlichen Menschen. Reisen in fremde Länder, übers Meer, in den Himalaya und zu unbekannten Kulturen. Viele Aufenthalte ganz nah in der Natur. Alle begleitet von Freude und Glück.

Ich danke allen, die mich in diesem für mich ungewohnten Projekt, mein erstes Buch zu schreiben, unterstützt haben. Es gibt bestimmt weitere Geschichten mit dem Leben und der Elfe. Ich freue mich darauf.

Die Autorin

Silvia Gemperle wurde 1969 im Kanton St. Gallen, wo sie heute lebt und arbeitet, geboren. Nach einer technischen Ausbildung hat sie verschiedenste Coaching- und Trainer-Lehrgänge absolviert.
In ihrem Leben hat sie einen bunten Strauß an Erfahrungen gesammelt: Sie hat mit dem Velo und dem Rucksack über mehrere Monate verschiedene Kontinente bereist. Sie ist fasziniert von den Menschen, den Kulturen und den Landschaften in diesen fremden Welten.

Im Herbst 2019 hat sie das Königreich Bhutan bereist, ist hoch in den Himalaya gewandert, hat einige Tage in einem Kloster und bei Bauernfamilien verbracht. Während dieser Reisen hat sie das Bruttonationalglück aus Bhutan kennen- und schätzen gelernt.

Heute wandert sie gern in den Alpen und verbringt ihre Freizeit auf einem Maiensäss im Kanton Graubünden. Die starke Verbindung zur Natur – eine entscheidende Grundlage im Bruttonationalglück in Bhutan – ist die Motivation für ihr Leben.